すこやかに、うつくしく。

Nature de Esthé

Naoe Tabata

田畑直江

はじめに

Nature de Esthe《ナチュール・ド・エステ》

私の営む「ラピスメゾン」では、施術の際にお客様に着ていただく室内着の胸元などに、長年この文字を刻んでいます。

これはあくまでも私の造語ですので、文法的なアレコレは、いったん横へおいておきますが、語感と内包する意味をつなげて、「自然の美学」というふうに受け止めてみてください。

ああ、でも日本語にしてしまうと、なんだかすこし堅苦しいような気もしますね。

私がお客様にお伝えしたいことは、ごくシンプルです。

——自然の美学（健康美）を追求する。


これが私の人生の命題《テーマ》であり、同時に仕事における信念でもあります。

自然のかたち、あるべき姿を大切にすること、そしてなにより、心身ともに健《すこ》やかであることは、美しさの基本だと私は考えています。


もちろん、美しさには、いろいろな種類があります。

時代や国によって、その美の基準が大きく変化することも、ままあります。

なかにはひどく不健康であったり、頽廃《たいはい》的であったりするものに、強く心を揺さぶられて「美しい」と感じる人もいるでしょう。

でも、もし「私が」どうなりたいか——そして私のお客様や、この本を読んでくださっている「あなた」にどうなっていただきたいか、と問われれば、私は迷わず「すこやかに、うつくしく。」という言葉を口にするでしょう。

自分の体のことですから、たいていの女性は（いえ、これは女性に限ったことではありませんが……）マイナスな美しさより、プラスの美しさがほしい、と考えるのではないでしょうか。

最近、「体や心の調子が悪い」と訴える人が、とても多くなったように感じます。それは、日々の社会生活から受けるストレスが増えて、誰もがまんべんなく疲れている証拠かもしれません。

ひょっとしたら昔よりも今のほうが、自らの不調を外へ訴えやすくなったという、よい傾向の証拠なのかもしれません。

いずれにせよ、私たちはいつも「健康」を意識しているのです。

人体とは不思議で、普段は忘れているのに、ひとたび調子を崩すと、とたんに患部が気になってしまうものです。たとえば、健康なときはさほど意識しないのに、腹痛や歯痛が起きると急に、そこに胃や歯があるんだと存在を実感したり。

痛い、苦しいは不調のサインです。お客様が訴えるそれらを、ひとつずつ「あるべき自然の姿」に戻し、整えていく。それが私の仕事です。

私も若いころから、体の不調に悩まされてきました。

そもそも、この仕事を選んだ最初にして最大の理由は、私自身がとにかく「健康になりたかった」からです。

だからきっと、一般の人より何倍も強い、健康への憧れと執着がありました。

「〇〇という新しい手法がある」

と聞けば、すぐに調べあげて自分も挑戦したり、

「〇〇が得意な先生がいる」

と聞けば、飛んでいって教えを乞うたりもしました。

誰よりもまず、自分が切実に求めていることですから、それにかかる時間や手間やお金が、どれほどかかっても関係ありません。技術や理論を学ぶのが、どんなに困難だったとしても、苦にはなりませんでした。

そうやって理想とする健康美を探しつづけていたら、それがいつしか仕事になって

いたのです。

今年、株式会社ラピスは創業三十三年目を迎えました。

そして私自身は、そろそろ還暦を迎えます。

この機会に、今まで直接お会いしたお客様だけにお話ししてきたこと、親しい友人や家族にしか明かしていなかったこと……そういう言葉たちを、ひとつひとつ思い出して、自分の人生を振り返りながら、一冊にまとめてみようと思いました。

どうかこの本が、皆様の「すこやかに、うつくしく。」の一助となりますように。

二〇二三年 八月

田畑 直江

Contents

これまで。

これから。

Method 2

自由に飛べる「翼」をもつ

Method 3

健康的な美しさの追求

Contents

これから。

Method 5

台所は薬箱

Method 6

自分を大切に

Contents

しあわせを、さがす。

《からだ》を、ととのえる。

Contents

《からだ》を、ととのえる。

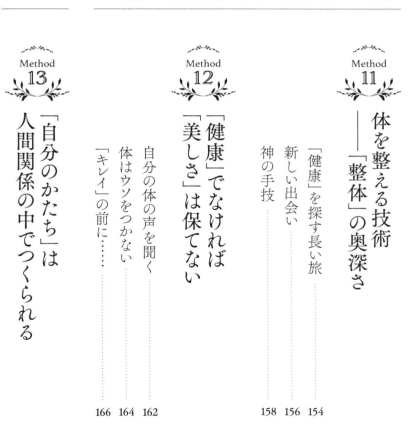

《こころ》の、みなもと。

Method 14

余すことなく「自分」を生きる

装　幀　須貝美華

写　真　井上依子
ヘアメイク　yurina

これまで。

Nature
de
Esthé

Method 1

「失敗」や「挫折」は、新しいスタートの燃料

❖始まりは「体の不調」

まず、私自身のことを、すこしお話しさせてください。

さかのぼること四十年以上ですから、もう「昔話」と言ってさしつかえないほど遠い日々のことです。

私にとって「体の不調」との付きあいの期間は、とても長いものでした。

最初にそれを強く意識したのは、十五歳——高校生になったあたり、だったように思います。

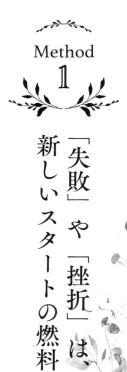

もともと、幼いころから大きなけがをすることが多く、ほかの人より疲れやすかったり、すぐに体調を崩したりするほうでしたが、十五歳のとき、明確に「腰」の不調がでてきてしまったのです。

でも、こんなに若いのに腰痛だなんて……と、周囲にもあまり言うことができませんでした。

体調がずっと低空飛行気味なのは、私にとってあたりまえのことでしたから、「みんな、これくらいの痛みはいつも感じているのだろう」と、自分を納得させて、痛みを我慢したりごまかしたりしながら、なんとか学生生活を送っていました。

❖ファッションの世界へ

当時――一九八〇年代、時代をリードしていたのはファッション業界でした。

日本の景気がよくなり、世はバブル経済に突入していました。

海外への憧れが高まると同時に、ハイブランドを購入することにためらいのない若者が続出し、ハイセンスな広告宣伝などの効果もあいまって、ファッション業界は輝いていました。

家業が毛皮の製造工場ということもあり、私にとって服飾にまつわる仕事は、幼いころからとても身近なものでした。ですから、当然のようにファッション業界を目指したのです。

高校卒業後、私は文化服装学院に進みました。

デザイナー志望でしたので、迷わず服飾を専攻する科を選んだのですが、そこで以前から抱えていた「腰の爆弾」が爆発してしまったのです。

ファッションの現場は、体力勝負のところがあります。たとえば服の設計図をつくる過程、いわゆる「パターンをひく」という作業ひとつ取っても、それなりに長い時間の立ち仕事となるわけですが、これに私の腰は耐えられませんでした。

高校時代から患っていた不調は、このころには、ふつうに座っていることもできないほど悪化していて、文字どおり「腰砕け」になってしまったのです。

痛みで動けなくなり、そのまま倒れて病院に運ばれる。そんな状態では、まともに授業を受けることもできません。

こうなってはもう、デザイナーの道はあきらめるしかなく、私にとって初めての大きな「挫折」となりました。

それでも夢をあきらめるには、まだ若すぎました。

なにしろ、子どものころからずっと憧れていて、当然その道に進むだろうと信じて疑わなかった仕事なのです。

デザイナーはだめでも、ファッションに関係する仕事につきたい、少しでもこの業界に携わっていたい、という思いは変わりませんでした。

そんな私が次に向かったのは、アパレル専門の経営コンサルタント会社でした。そこで、コーディネーターのアシスタントになったのです。

コンサルタント会社のコーディネーターや、その下につくアシスタントの仕事がどういうものかというと……たとえば、パリコレで収集したファッショントレンドを、独自の記事に再構成して、国内メディアに届けるというものがありました。

ほかにも、お預かりしたトレンドデータをもとに、子ども服ブランドにはこういうご提案、デパートのファッションフロアや量販店に対してはまた別のご提案……というふうに、それぞれの売り場や客層にあわせて新しい価値を提供する、いわばファッション業界の情報分析や広報のような仕事もありました。

どれもワクワクするような、楽しくてやりがいのある仕事でした。


しかし、ここでまた、私は「挫折」を味わうことになります。


というのも、コーディネーターのアシスタントというのは、記事作成が主だった業務で、デスクワークの拘束時間がとても長かったのです。

すると、私の「腰砕け」が再発してしまって……。

とにかく腰が痛い！　椅子に座って作業していると、時間がたつにつれ痛みが増してくるのです。当時はまだパソコンではなく、ワープロ全盛の時代でしたが、自席でキーボードに向かい記事を作成していると、たった数時間で痛みが頂点に達してしまうのでした。

でも、仕事はとても楽しかったし、せっかく与えられた役割を手放したくなかった私は、慢性的につづく腰の痛みを「止める」ことに必死でした。

お昼休みになったとたん、仕事場の近くにある整形外科へ駆け込んで、痛みを散らしていました。飲み薬では解決しませんから、即効性のある痛み止めをうってもらうのです。

一時的に痛みから解放されると仕事に没頭し、また痛くなるとクリニックで注射をしてもらう……そのくり返しでした。

❖「対症療法」では解決しない

痛みを薬でおさえるのは、いわゆる「対症療法」であって、根本的な解決にはならないのですが、当時の私は、それしか方法がないと思っていたのです。

痛いから、薬を飲む。注射をする。

それで一時的に苦痛はやり過ごせますが、また必ず症状はぶり返します。

痛くなるたびに薬でおさえて……と、同じことを何ロールか経験すると、今度は体のほうが薬に慣れてしまい、だんだん「対症療法」の効果が出にくくなってしまうんですね。そうなると、強い薬に替えても、その場しのぎにしかなりません。薬を強くするにも限界があります。

ここでとうとう、二回目の「挫折」が訪れました。

私の腰は、デスクワークに耐えられないほど、ボロボロになっていたのです。

専門学校から新人時代に味わった二度の挫折は、私の心に強烈なダメージを与えました。

なにより、大好きなファッションの仕事をつづけられないという事実に、目の前がまっ暗になってしまったのです。

アシスタント業について、まだ二年にも満たない時期でした。

仕事にも慣れ、いよいよこれから……というタイミングで、私はなかば抜け殻のようになってしまいました。

「子どものころからの夢が消えてしまった」

「次に何をしたらいいのか、わからない」

「こんな体で、ちゃんと仕事ができるの？」

そんな思いが、頭を駆けめぐりました。


勤務先だったアパレル専門コンサルタント会社は、ファッションにまつわる最新の情報を取り扱うところだけあって、美容や健康についてもアンテナの感度が高い人が集まっていました。

当時はまだ、インターネットで情報検索ができるような時代ではありません。ですから、人生経験にも人脈にも乏しい二十代前半の若者にとって、その話題に詳しい人からの口コミは宝の山でした。

在籍中、腰痛について相談すると、周囲から「このクリニックがいいよ」などと、いくつもの有益な情報を教えてもらえたのは、本当にありがたいことでした。

ただ、不思議なことに、みんなが太鼓判をおす場所でいくつ治療を受けても、なぜか私には効かなくて……。

巷で評判の整形外科や鍼灸院、カイロプラクティックや気功に至るまで、洋の東西を問わずさまざまな施術を受けましたが、結果は低空飛行の現状維持か、下手をすると状態悪化だったりしたのです。


そんな中で、ひとつの出会いがありました。

勤務先の会社が年末の取り組みとして行っているセミナーに、あるとき、官有謀《かんゆうぼう》先生がゲスト講師で招かれたのです。

官先生は、そのころ最新の健康法として日本に入ってきた、いわゆる台湾《たいわん》式の「足《そく》心道《しんどう》」の権威でした。

❖「健康法」という概念

官先生との出会いは、私にとって大きな転機となりました。

今でこそ、台湾式の足つぼマッサージなどは、古くからある健康法として、日本でも人気のメニューのひとつになっています。いわゆるリフレクソロジーも、すっかり定着した感があります。

ですが当時、足（裏）のマッサージは、日本ではあまり知られておらず、「忙しい会社経営者でも、移動中の車や飛行機の中で手軽に実践できる最新の健康法」というふれこみで紹介され、世間の耳目《じもく》を集めているところでした。

病気やけがを治すのとはまた別の、「ととのえる」ことに重きをおいた施術。

内科や外科の本格的な治療に突入する前に、体をできるだけ「本来あるべき姿」へと寄せていく、という考え方。

それは「健康法」との初めての遭遇であり、そこに、私は自分の理想とする姿を見たように感じました。

私の生涯のテーマである「自然の美学《ナチユール・ド・エステ》」の根本は、このときに生まれたといってもいいかもしれません。


さて、さきの講演に感銘を受けた私は、日を改めて、官先生に会いにいきました。もちろん、足心道を体験するためです。

官先生は当時、都内に施術室と教室を兼ねた場所をお持ちで、そこへ突撃した私は先生から直接、手技を施していただいたり、教えを受けたりしていました。

突然やってきたコムスメにも官先生はとても寛大で、大切なことをたくさん教えてくださいました。

なにより衝撃的だったのは、私の足の施術をした先生がぽつりと、

「……この足、四十歳で死ぬよ」

そんなふうにおっしゃったことです。

今でこそ笑い話ですが、言われたときの私は、つい「そうかもしれない」と納得し

てしまいました。それほどに全身が不調だったのです。

「むしろ四十歳まで生きられるなら、ラッキーかも」

とまで考えていました。

実際あのころのまま、なにもせずに生活していたら、先生の予言は的中して、私はおそらく不惑《ふわく》を迎えられなかったことでしょう。

❖エステティックサロンへの転職

官先生の「足心道」と出会ったものの、私の一番の弱点は相変わらず「腰」にありました。

長年の悩みの腰痛だけは、どうしても解決には至らず、かといってまだファッション業界には未練があり、痛みをだましだまし、コンサルタント会社のアシスタント業務をつづけていました。

しかし、限界は見えつつあり、この仕事を長くつづけることはできないだろう、と覚悟を固めはじめた私は、次の仕事を探していました。

そんなとき、知人の公認会計士さんから、意外な言葉をもらったのです。


「田畑さん、エステティックサロンに勤めてみませんか？」


最初は、なんでだろうと思いました。

でも、よく考えてみたらこの提案は、そのときの私の状況には、とても合っていたのです。

まず、当時の私は、長時間のデスクワークができませんでした。これは椅子にじっと座っているのが難しいということです。立っていても座っていても、とにかく同じ姿勢で長時間すごすのが、腰の爆弾には一番よくないのだと、すでに自分でも気づいていました。

また、座りっぱなしの仕事よりも、立ち仕事のほうが腰の負担が少なく、さらに、同じ姿勢でいるよりも、動き回っているほうが楽、という事実がありました。

つまり、エステティックサロンの仕事なら、おそらく、今よりもずっと腰に負担をかけずに働けるのです。

知人の公認会計士さんは、私の不調を詳しく知っているわけではなかったのですが、ちょうどそのときエステ産業は上り坂の途中で、これからの好景気が見えていたので、そんな提案をしてくださったのだと思います。


アドバイスに従い、私はエステティックサロンに転職しました。

一九八七年のことです。

入社したときはまだ、そこは大手とはいえない会社でした。

のちに急成長して大手サロンと呼ばれるようになるのですが、転職当時はむしろ、あまり業績が芳しくなかったように記憶しています。

それでも、業界的に注目されつつあり、これから伸びていきそうな、独特の空気のある会社でした。

❖「トータルビューティー」を学ぶ

最初にネタバレをしますが、このエステティックサロンに勤めている間、なぜか私の腰の爆弾は、一度も爆発することがありませんでした。

もちろん、ときどき体力の限界がきて、へたりこむことはありました。しかし、腰が砕けて倒れて入院、などという事態にはならなかったのです。

それまでのアシスタント業より確実に激務でしたが、腰の爆発に至らずにすんだのは「じっと座っている事務仕事」ではなかったことが功を奏したのかもしれません。

はたまた、単なる偶然の幸運期間だったのか……。

いずれにせよ、私はそこで「トータルビューティー」を学ぶことになるのです。

トータルビューティー——総合美容とも訳されますが、主に女性のお客様を美しくする仕事は、以前のファッション業界に通じるものもあり、私は前のめりに仕事に打ちこむようになりました。

ちょうど伸び盛りの業界で、毎日、毎週、毎月のようにお客様が増え、支店やそれに伴う仕事も増え、眠る時間もないほど忙しい日がつづきました。

私を気に入って、ご指名をくださるお客様も多く、また吸収しなければいけない技術も山盛りでした。

ほんの少し前まで、

「次になにをしたらいいのか、わからない」

などと途方に暮れていたのがウソのような、充実した日々でした。

おそらく、適性もあったのだと思います。

当時私はまだ二十代半ばでしたが、あれよあれよという間に、社内での肩書きが変わっていきました。

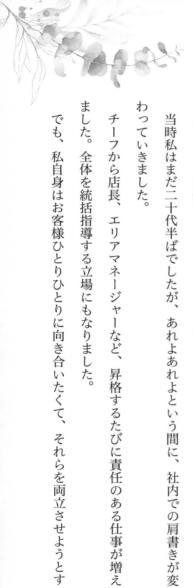

チーフから店長、エリアマネージャーなど、昇格するたびに責任のある仕事が増えました。全体を統括指導する立場にもなりました。

でも、私自身はお客様ひとりひとりに向き合いたくて、それらを両立させようとすると、およそ人らしい生活ができなくなってしまったのです。

❖意外な落とし穴

エステティックサロン時代の私は、一匹狼というか、仲間とつるむのが面倒なタイプで、周囲に愛想よくすることもなく、ひょうひょうと仕事をこなしていました。

ミッションを与えられると猪突猛進してしまい、邪魔をするなら斬るといわんばかりの様子は「歩く刃物」とあだ名されるほどでした。

その性格が、エステティックサロンのような「職場内がほぼ全員女性」という環境においては、おおいに裏目に出ることになりました。

まず、与えられたミッションは絶対に成功させようと、孤軍奮闘してしまう。

すると上の人々は、

「よし、このあたりはまとめて田畑にやらせておけばいいか」

となって、結果的に私に仕事が集中してしまうのですが、これはなかなかに諸刃の剣なのです。

ほぼ女性だけの職場では（いえ、女性に限ったことではありませんが……）、横のつながりや、周囲への目くばせが大切になります。店舗スタッフの人数が多ければ、その中で自然と派閥ができ、水面下で軋轢が生じたりもします。

私はといえば、一匹狼な性格が災いして、そういう水面下のわだかまりをケアするのがとても苦手でした。

正直に言ってしまえば、女子同士のアレコレが、ちょっと面倒くさかったのです。

我ながら若かったですね。

業務では結果を残すことが求められ、しかしそちらに注力していると、業務外の問題にリソースを割く余裕がなくなってしまう。現場がギスギスしているのを肌で感じていたけれど、対外的には、ひょうひょうと平気な顔をしつづけて、業務を遂行するしかありませんでした。

しかし、その結果、同僚に疎まれたり、部下になめられたり……という悪循環が起きてしまったのです。

仕事も、仕事以外の雑事も、私ひとりで乗りきるには、やらなければいけないタスクが増えすぎていました。

パンクしないように片端から処理していると、また便利なやつだと思われて、仕事の量を増やされてしまうのです。

やればやるだけ、がんばればがんばるほど、生きにくくなってしまう。

これほど理不尽なことはありません。こういう状況に長く身を置くと、体よりも先に、心が疲れてしまいます。

この本を読んでくださっているあなたも、同じような経験はありませんか？

努力を打ち消すほど、仕事を追加されたり。

知らないうちに、派閥の争いに巻き込まれたり。

よかれと思ってやったことや、業務上必要な指摘をしたことで、相手の反感を買ってしまったり。

言いたいことをぐっと我慢して、ほかの人や他部署のケアをしていたのに、逆に足を引っ張られたり。

大切なお客様とのご縁もたくさんできましたし、大きく展開するグループ内で自分の評価がどんどん上がっていくことは、ありがたいことではありました。けれど、

「やればやるだけ、生きにくい」

という状況に甘んじて身を置くには、限界があります。

「企業では、生きていけない」

と自覚するまで、あまり時間はかかりませんでした。

❖前向きな「退職」

仕事をやめる動機の上位には、つねに「人間関係の問題」があると、なにかの記事で読んだことがあります。

私の場合も、大きなくくりでは、それに当てはまるのかもしれません。

大手エステティックサロンでは、トータルビューティーを習得し、最先端の美容技術に触れ、企業経営・店舗運営のノウハウすら実地で学ぶことができました。

およそ自分ひとりでは得ることができなかったであろうものを与えられ、吸収するチャンスを得たのです。

と同時に、今まで以上にはっきりと、

「大きな組織の中では、私は楽しく仕事ができない」

そう痛感したのもこの期間でした。

そこで、この仕事を始めて三年が経過したころ、私は退職を決意しました。

服飾の専門学校で、デザイナーの道をあきらめたときの「挫折」。

ファッション業界から離れるしかないと決心したときの「挫折」。

これら先のふたつは私にとって、たしかに「挫折による撤退」でしたが、今回だけは違いました。

自分の中で、初めての「前向きな撤退」だったのです。

余談ではありますが、このエステティックサロンは、私が在籍していた期間がまさに急成長のタイミングと重なっていました。

それまで大変な額の赤字を出していたのが、たった三年で百億円の黒字へと、大逆転を遂げていたのです。

だからこそ、あの熱にうかされたような濃密で過酷な時間があったのでしょうし、あちこちで成長痛のような「ひずみ」が生じやすかったのかもしれません。

二度と味わえない貴重な日々をともに過ごした仲間には、ほろ苦い思いとともに、深い感謝の気持ちを抱いています。

❖再スタートは、いつでも

その規模の大小や、訪れる時期の早い遅いはあるでしょうが、きっと誰にでも「失敗」や「挫折」といった、苦い経験はあるでしょう。

私にとって最初の「挫折」は、憧れていたファッション業界からの撤退でしたが、それですべてが終わったわけではありません。

あまり大きい声では言えないのですが……その後も私は、人生のあらゆる場面において、なかなか強烈な「失敗」や「挫折」をくり返していたりします。

ただ、若いころに盛大に転んで痛みを知り、うまく受け身がとれるようになったのでしょう。あとから経験した「失敗」や「挫折」は、若いころに味わったそれより数倍つらいものであっても、案外、立ち直りは早かったのです。

できることなら、なるべく失敗も挫折もしたくない。でも。

どうせしてしまうなら、それをプラスに転化して、次の目的地へ着くための燃料にしてしまいましょう。

ひとつのルート攻略に挫折しても、その道の途中で得たものは、別ルートに迂回したあとも、たしかな人生の糧となって私を助けてくれました。

そして、その道をあきらめたからこそ、別の道を歩く私がいるのです。

すべてを失って、もうだめだと思っても、再スタートはいつでもできます。

「失敗は成功のもと」

そう言ったのは、発明王エジソンだったでしょうか。

私もその言葉のまねをして、こんなふうに言いたいのです。

「失敗や挫折は、新しいスタートの燃料」

Method 2

自由に飛べる「翼」をもつ

❖「起業」への道しるべ

二十代で三年間、大手エステティックサロンに身を置いてみて、私は改めて自分の中の「向き」「不向き」を見つめ直すことになりました。

そもそも、私がこの業界に飛び込んだのは、自分の体のためでした。

まず、腰の不調で長時間座ったままがつらいので、立って動き回る仕事がしたかった。そして、体をメンテナンスする仕事をしていたら、あわよくば「腰の爆弾」を解除する方法が見つかるかもしれない。――そんな、ごく私的な動機です。

怒濤《どとう》の三年間を経《へ》て、はっきりと自覚したのは、

「大きな企業では、生きていけない」
「お客様と向きあいたい」
「自分の目の届く範囲で、丁寧な仕事をしたい」
ということ。

そこで、会社をやめて最初に考えたのが「起業」でした。

十五歳からずっと、「腰痛を治したい」という切実な願いとともに生きてきました。

会社員だったころも、痛みの治療や体のメンテナンスに関する本を、片端から取り寄せては読みあさりました。

これぞと思う本のおくづけから、著者の連絡先を探しだしてアポイントメントをとり、講習会に参加したり、直接お話をうかがったり、お許しがいただければ師事もしました。

当時は今ほど社内教育のシステムが整備されていませんでしたから、新しいメソッドを学びたければ、自習で乗り切るしかありません。

エステティックサロンで働いていたときは、シフト制でお休みをとっていたのですが、この貴重な休日をすべて「自主課外活動」の時間にあてて、全国あちこちを飛び回っていましたので、一週間のうち一日も休むひまがなかったのです。

こんな毎日を送っていてよく倒れなかったな、と我ながら驚きます。

つくづく、このときに腰の爆弾が爆発しなかったのは、奇跡としか言いようがありません。


私の腰痛問題は、会社員をやめても解決していませんでした。

どうしても解決の糸口がほしくて、文献にあたったり、有識者に教えを乞うたりしているうちに、人体の構造そのものに興味を覚えるようになりました。

「病はどうして生まれるのか？」

「痛みはどうして起きるのか？」

それが知りたくてたまらず、人の体をすみずみまで理解すれば、おのずと答えが出てくるのではないかと考えたのです。

同時に、すこし前に「健康法」の概念を学んだばかりの私は、体を「ととのえる」技術を追究することに、のめりこんでいきました。

❖黎明期のジレンマ

私が、体のメンテナンスのための「手技」に傾倒しはじめた一九八〇年代後半、台湾式の足心道はブームを迎えつつありましたが、リフレクソロジーという言葉は、まだまったく世間に認知されていませんでした。

ただ、すでに実践にたどりついて、足への施術に確実な効果を感じていた私は、勤めていたエステティックサロンの上司に「とてもいいものだから、うちも足裏のマッサージを導入してはどうか」と提案したことがありました。

すると、答えは「NO」。強い拒否感を示されてしまったのです。

おそらく今なら、そこまでNGとされる内容ではありません。むしろ、足へのアプローチは、積極的にすすめたいと考えるサロンがほとんどでしょう。

ではなぜ、そのときは「だめ。信じられない」という反応だったのでしょうか。

これはもう、その時代の感覚としか言いようがないものです。

当時のエステティシャンの手技は、フェザータッチでお客様のお顔に触れるのが主流でした。いわば手指は羽根のようなもの。大切で繊細な商売道具だったのです。

一方、当時の感覚からすると、それがたとえお客様のものであっても、足の裏はとても汚いもの。羽根がわりの指で触るなど、言語道断という雰囲気でした。

そんなふうに、エステティックサロンの経営方針と、自分の目指すところにズレが生じている……という感覚。

でも、私がいいと思う施術を、今すぐ既存のサロンに持ちこもうとしても、周囲の同意を得るのは難しいものです。

世界規模で見てみれば、決しておかしなことは言っていないけれど、日本国内に導入するには時期尚早なのだということにも、薄々気づいてはいたのです。

思えば、このあたりの感覚の相違も、私が「起業」を考える理由のひとつになったのかもしれません。

「会社をつくってしまえば、誰にも文句を言われないのでは？」

「自分のサロンでなら、やりたいことが自由にできるのでは？」

その考えは、とても魅力的でした。

❖フランスからの新しい風

ちょうどそのころ、フランスからひとりの女性が初来日しました。

ジョジアンヌ・ロール。世界の王室やセレブリティを顧客にもつ、有名なセラピスト・エステティシャンです。

赤坂のホテルでレセプションがあり、私もそれに参加する機会に恵まれました。

一九九〇年――まだ日本では、アロマテラピーやリフレクソロジーという単語が定着していない時期のことです。

パリでサロンを営む彼女は、数年前に自らのブランド「ジョジアンヌ ロール」を立ちあげ、日本でも発表したのでした。

薬学博士で植物療法の専門家でもある彼女の夫も、この日、レセプションに出席していました。夫婦が協力してつくりあげたアロマテラピーと植物療法、そして東洋思想を融合させた「ジョジアンヌ ロール」のメソッドに、私は衝撃を受けました。

「美しくあるためには、健康でなければいけない」

「人間は、自然から影響を受ける」

それは、当時の私が求めていた答えそのものだったのです。

ぜひとも、新しいサロンにこれを置いてスタートしたい。

そう考えた私は即座に、リンパドレナージュのための「ジョジアンヌ ロール」のフルラインを発注しました。

ですからおそらく、日本に入ってきたばかりのこのシリーズを、最速に近いかたちでフル導入したのは、当店だったのではないかと思っています。

「自然の美学《ナチユール・ド・エステ》」――その言葉が、私の中にしっかり根づいた瞬間でもありました。

❖ラピス開業

一九九一年二月八日、株式会社ラピスを設立しました。

同年五月二十七日には、現在の「ラピスメゾン」を開業。

社名や店名に選んだ「ラピス」は、ラピスラズリという世界最古のパワーストーンの名からとりました。

濃いブルーにときおり金がまじる、私も大好きな神秘の石です。

ラピスラズリは、かつて薬や錬金術などにも使われたことから「健康」や「再生」を司《つかさど》る石とも言われているそうです。

「治癒力がアップしますように」

「すこやかに、心も体も再生しますように」

そんな願いをこめて「ラピス」と名づけました。

この本の「はじめに」でもふれましたが、私たちは創設当初から「自然の美学《ナチユール・ド・エステ》」を掲げ、お客様と向きあうことにしました。

Nature de Esthe《ナチユール・ド・エステ》――ここで使われている「エステ」は、一般的に使われている言葉の意味とは違います。

今の「エステ」は、外見を美しく磨くもの、というイメージですが、私がこの単語にこめるのは、内なる美しさ――それぞれの人がもつ素材を内側から目覚めさせる、そんなイメージです。

体の声を聞き、心をととのえる。

目指すのは、長期的に安定した「体質改善」です。

それまでの私は、痛みやつらさの「原因」を探し、そこだけを治せば、根本的な改善につながると考えていました。

でも、それは間違っていたのです。

体に出る症状は、あくまでも「結果」であって、「原因」ではないのです。症状を治すのは単なる「対症療法」で、根本的な改善には至りません。

たとえば、頭（脳）が疲労すると、全身に影響が出ます。内臓が疲労すると、筋肉が緊張して節々が痛んだりもします。この場合、「原因」は頭や体の奥にあるのに、表面に出てきた「結果」だけを消してもだめなのです。

「結果」から「原因」を探るには、まず自分の体や心を、すみずみまでよく知る必要があって、「ラピスメゾン」は、その「自分探し」のお手伝いのために存在しています。

そして私の手技は、お客様の痛みやつらさを軽減させ、一緒に「体質改善」を目指すために磨いてきたのです。

❖「オタク」であるということ

ある人に言わせれば、私は「オタク」なのだそうです。

オタクとか、マニアックとかいう言葉には、すこし前までマイナスのイメージがつきまとっていましたが、今はもっと肯定的に受け入れられている気がします。

インターネットが発達し、誰でも簡単に、望む情報にアクセスできるようになった今だからこそ、外から与えられた薄味の情報だけでは満足しない「オタク」の存在は貴重です。

自分なりに収集や分析を行い、ものごとを体系だてて理解し、突き詰めていく「オタク」特有のこだわりには、頭が上がりません。

「好きこそものの上手なれ」

その言葉が示すとおり、自分の言葉で、ほかの人が知らないような濃厚な知識や経験を語ってくれる人の話を聞くのは、どんなジャンルにおいても楽しいものです。

それをふまえて、私が「オタク」なのかというと……。

指摘されるまで、あまり自覚はありませんでしたが、そういえば、思いあたるフシがなくはないのです。

健康にまつわる知識や技術は貪欲に吸収したいですし、改善の余地があるのなら、すぐにでも対応したい。勉強することも大好きで、誰よりもその分野に詳しい人間でありたいと、いつも考えています。

新しい技術のよしあしは、つねに自分の目で確かめたいですし、この手で、この体で、実際にやってみないと気がすみません。

弟子をとらない主義の先生であっても、その方の技術を学びたいとなれば、頼み込んで弟子入りしますし、そのためなら、どんな条件も呑む覚悟があります。

ちなみに、お客様からもよくお褒めいただく私の整体技術――いわゆる「手技」

は、「自分が一番受けたい技術」を極めたものになっています。

その「自己ベスト手技」を、自分自身には施すことができないのが、ジレンマではあります。

でも私の手技で、お客様が喜んだり驚かれたりするたびに、私まで幸せになれるのです。

❖学んだ技術や知識は「翼」

以前、在籍していた大手エステティックサロンで私が得たものは、施術の技能や経営のノウハウでした。

同時に、休日のたび、自分の理想とする技能を修められた先生に師事し、その技を会得しようと必死でした。

起業を考えたとき、過去に学んだ技術や知識や経験がなければ、会社経営や新しいサロンの方向性など、とうてい決断することはできません。

会社員であることをやめ、経営者側にまわろうとしたら、それまでに学んだものが私の「翼」になってくれました。


今いる場所がつらくなったら、逃げる方法はいくつかあります。

すぐに動けない場合は、まず自分の心を守ること。

外からの情報を遮断し、石のようにガードを固めて、しばらくやり過ごすのです。でも、これはもっとも消極的な方法で、一時的な避難にすぎません。再起動するにも、かなりの気力を要します。

次に、歩いて逃げること。

非常袋に必要最低限のものだけを詰めて、すみやかにその場を立ち去るのです。安全な場所にたどりついてから、生活を立て直し、ゆっくり次の一手を考えます。

そして、飛んでゆくこと。

私の場合はこれで、実現には「翼」が必要でした。

翼はスキルです。

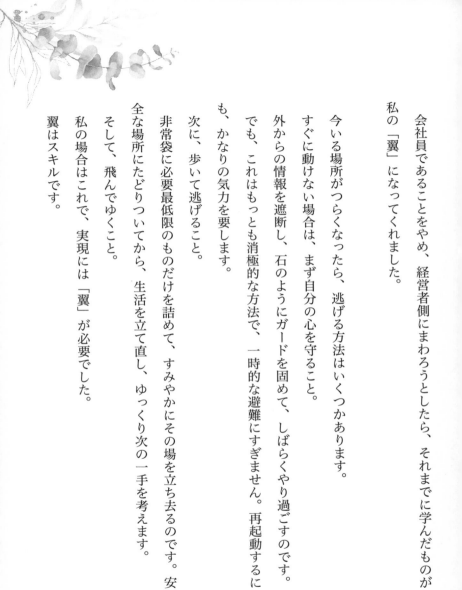

それがあれば、空の向こうへ羽ばたいていける。次のお城を遠くに建てておけば、逃げたその足ですぐに飛んでいって、城主にだってなれるのです。

いざというときのために、とっておきの「翼」はつくっておきましょう。風切羽《かざきりば》をたくさん生やし、マメに羽づくろいしておけば、思い立った日に悠々と風に乗って、はるか高みまでいけるのですから。

これから。

Nature
de
Esthé

Method 3

健康的な美しさの追求

❖再生の家

ここでは私の仕事について、すこし具体的なことをお話ししてみます。

まず「ラピスメゾン」(https://lapismaison.jp/)は、女性のための整体を行うお店です。

会社名は「ラピス」ですが、銀座七丁目にあるお店には、フランス語で「家」という意味をもつ「メゾン」という言葉をつけています。ラピスラズリは治療と再生のパワーストーンですから、さしずめ「再生の家」とでも言いましょうか。

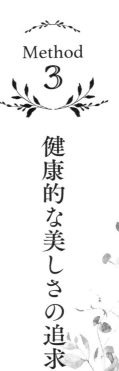

あえて言うなら「ラピスメゾン」の特徴は「自分流」。

私の持論である「自然の美学《ナチュール・ド・エステ》」に基づき、自然療法を用いた「レディース整体」は、今まで学んできた技術から、「これは効く」と実感したものを、洋の東西を問わず取り入れて融合させた、オリジナルのメニューです。

美しい肌、美しいプロポーションは、誰にとっても理想と憧れの対象です。でも、その理想の姿を手に入れるためには、まず「健康」な体であることが、一番の基本になります。

女性の健康をメンテナンスするためには、さまざまな角度からのアプローチが必要です。ゆがんでいれば、元に戻す。滞っていれば、ほぐして流す。口から入る食事も大切でしょう。

体に不具合が起きていれば、その症状が出ないようにするため、お客様ひとりひとりに合わせた、根本的な「体質改善」のための独自プログラムをつくります。

ひと言で「体質改善」と言っても、整体療法のほか、経絡療法、理学療法……ほかにも方法はいくつもあります。それらを複合的に組み合わせ、その人にもっとも効果的なやり方で、治療を行っていくのです。

女性はみんな宝石の原石です。磨きに磨いて、美しくなってほしいのです。

❖ストレスからの防御

今の時代、私たちを取り巻く環境は、ストレスに満ちています。ストレスが心と体にかける負荷はたいへんなもので、ことさら女性にとっては、ホルモンのバランスと、自律神経への影響が大きくなります。

特に、不安や怒り、悲しみ、恐怖といった心因性のストレスの感情は、交感神経を緊張させます。さらに、脳の神経伝達に影響すると、不眠、不安、イライラ、うつ、集中力欠陥など、あらゆるマイナスの病状が起こりやすくなります。

自律神経は、本人の意思とはまったく無関係に、心臓や胃腸をはじめ、すべての内臓、血管、汗腺、内分泌腺を支配していますから、そのバランスが崩れると、体調に大きな変化が出てしまうのです。

たとえば、心臓が悪くないのに心拍数が増えたり、血圧が不自然に変動したりします。特に多いのは、筋肉の緊張による二次的な頭痛や消化器トラブル、また婦人科系の問題です。これが解消できないと、いよいよ本格的な病気になってしまいます。

そうなる前に整体を用いて、自律神経の調整を行うのです。

❖レディース整体

「ラピスメゾン」のオリジナルメニューである「レディース整体」は、東洋医学を基本として、全身を「経絡《けいらく》」でみていく技術です。

「経絡」とは、東洋医学の概念で、「気《き》・血《けつ》・水《すい》（代謝エネルギー）」の通り道のことです。経脈（縦）・絡脈（横）で張り巡らされた、体内の地図のようなもの……と考えてください。

骨格や筋肉のゆがみは、神経や血管を圧迫して、血流を滞らせ、自律神経系のバランスも乱します。そうなると、肩こりや腰痛、頭痛、生理痛、生理不順など、女性を困らせるさまざまな症状があらわれてしまいます。

そこで、骨格や筋肉に対しては、最新の「キネシオロジー（運動学を基礎とする筋肉調整方法）」を使い、細やかに全体のバランスを調整します。

ゆがんだ背骨や骨盤を正しい位置に戻すと、血液とリンパの流れが促進されて、肩こりや腰痛が解消されます。さらには、ホルモンバランスも整って、生理不順や過食なども防ぐことができます。

さらに、深層筋肉に働きかける全身ストレッチで、内臓の代謝もアップするので、自然と「やせやすい体」になっていくのです。

私たちが経験する不調は、経絡の「渋滞」が引き起こすことがほとんどです。

つまり、うまく流れなかったエネルギーが、どこかで目詰まりしかけているのです。

すると私たちは、症状にせよ感情にせよ、その渋滞箇所が気になって、そこばかりを見てしまいます。

ですが、実際は流れが滞っていることが原因なので、渋滞箇所にだけ注目する行為は、ただの「木を見て森を見ず」という状態になってしまうのです。

自分の体や心の状態を、客観的に見られるようになると、「体はウソをつかない」ということが、実感としてわかってきます。

当店の整体メニューはシンプルで（ただし、お客様の希望に合わせた「裏メニュー」は、実はたくさんあります！）、下半身の施術に特化した「O脚・X脚の矯正」、レディース整体に体内浄化マッサージやスリムマッサージを追加する「デトックス＆スリミング」、また、ムチ打ちなどの後遺症による頭痛や倦怠感を取り除きたい場合、「クラニオセイクラル」という施術を行うことができます。

「クラニオセイクラル」は、頭蓋骨と仙骨の連動メカニズムをソフトに正常化し、脳脊髄液の流れをスムーズにするというものですが、ある事故の体験から、私は脳脊髄液の重要性を実感したことがありました。

「脳は髄《ずい》の海」――そんな言葉があるように、脳は髄液の中に浮いている状態で、頭蓋骨の中におさまっています。

この髄液というのは、脳内から常に一定の速度で分泌される液体で、一日に三、四回入れ替わり、一日の総生産量は五百ミリリットルほど。結構ありますね。

髄液が不足すると、めまいや耳鳴りなど、すぐに頭部に不調があらわれるのです。また、髄液そのものに異常が起きれば、脳にダイレクトに影響が出て、起き上がれなくなったり、体が動かなくなったりもします。

これだけの量の液体が、一日に複数回、脳内と脊髄を巡るのですから、そこに異常がでたら、大変なことになるのは容易に予想がつきます。

頭は、体の司令塔。頭皮をしっかり揉みほぐすだけでも、心と体に与える影響は大きいんですよ。

頭といえば……よく、ホラーなどで「恐怖で一晩のうちに髪が真っ白になった」なんてエピソードが出てきますが、これには根拠がないわけではありません。

東洋医学では「髄は腎精が変化したもの」と言われています。腎機能は恐怖にさらされると低下することがわかっていて、腎の働きが急激に落ちると、突然白髪になることもあるそうです。

体のことを掘り下げて調べていくと、まったく別系列の知識や学問が、いきなり現実で連携することがあります。こういう気づきが楽しくて、私は一生、勉強をしつづけるのかもしれません。

❖正しい姿勢

小さいころ、机に顔を近づけて猫背でノートをとっていたりすると、「いい姿勢して」「姿勢が悪いよ」なんて、しかられたことはありませんか?

猫背は背骨だけでなく、両肩が前傾している状態を指しますが、基本的には姿勢は背骨で決まります。

髄液の通り道でもある背骨は、人体の中でも重要な部位のひとつですから、背骨を中心とした背中まわりの施術は、整体においても大切なアプローチになります。

正しい姿勢とは、頸椎と腰椎が緩やかにカーブして、背骨が美しいS字を描いている状態のことです。

まず、頸椎が本来の位置にあると、背筋がのびて胸郭が開きます。すると、胸元が上向きにせり出して、美しいバストラインがあらわれます。

同時に腰を伸ばすと、腰椎が緩やかにカーブして、骨盤がやや前に傾いた状態になります。そして、骨盤が正常な位置にくれば、自然とおしりが上向きになって、形も丸く見えるのです。

❖O脚とX脚

整体師の現在の男女比率は、やや男性が多い、といった感じでしょうか。

一般的な治療院でも、女性客が増加したこともあり、最近、女性の整体師が格段に増えたと思います。

この仕事を始めたころは、女性専用の整体は目新しく、

「整体って、体をバキバキにされて痛いのでは？」

「男の人に施術されるのが、ちょっと苦手」

そんなお客様が、私が女性だと知って、安心して来てくださるようになりました。

また、ある女性誌の読者モデルさんが、うちの前を通りかかって「こんなところに謎のお店がある！」と編集長に話をして、雑誌記事の体験取材にいらっしゃったあたりから、雑誌の取材やテレビの出演依頼が、頻繁に舞いこむようになりました。

一時期はあちこちで協力させていただいたのですが、そこで印象的だったのは、O脚矯正についての、読者や視聴者の関心の高さです。

記事や番組の企画ですから、「やせる！」などの注目ワードとともに紹介されるわけですが、それを抜きにしても、ひそかにO脚を気にしている女性や、それまでは自覚がなかったけれど実はO脚だったという女性が、たくさんいらっしゃいました。

O脚やX脚は、ひどくなければ特に痛みも感じないので、さほど気にしていない人

も多いのですが、実は日本人の女性のうち八割から九割が、O脚であるとも言われています。

たとえば、O脚の人は脚の間が開いているため、筋肉が外側に張ってしまって、太ももが太くなります。さらに、お尻の筋肉も外側につくので、実際よりも太って見えるというデメリットがあるのです。

これは骨盤のゆがみによるものですから、施術で正しい位置に戻せば、膝のすきまも小さくなって、太さも消えることになります。

骨盤や肩、そして顔まわりがゆがんでいる人は、実はとても多いのです。

同じ脚ばかり組むくせがあったり、いつも左右どちらかの肩に重いバッグをかけていたり、片側の歯列ばかりで食べ物を嚙んでいたり。

嚙みぐせは顎関節症にもつながるので要注意ですが、どれも左右で高さが変わるように、自分で仕向けてしまっているわけなんですね。

ゆがみがはっきり出てしまうと、使っていない側の脚や肩や歯を使おうとしても、そのゆがみゆえに使えなくなってしまいます。そして、ますます左右どちらかに負担がかかる……という悪循環を生むのです。

❖ダイエットとスリミング

厳密には、ダイエットとスリミングは違います。

前者は食事などによる体重の減量で、後者は体の引きしめなどで細くする、もしくは細く見せる技法です。

女性の悩みの上位には、いつも「太ってしまった」「やせたい」という切実な叫びがランクインしますが、基本的に、私が施術でお手伝いできるのは、スリミングのほうです。

前述したように、骨格のゆがみを正しい位置に戻すと、内臓や神経、血流の働きも正常になります。そして、健康な姿を「再生」できれば、自律神経も整いますので、メンタルにもよい影響を与えるはずです。

女性の肥満の主要な原因は「食べすぎ」です。それも、イライラや不満、不安を解消したくて、さほど空腹でもないのに、ついなにかを口にしてしまう。そういう人が多いと聞きます。

これは、メンタル面の問題ですから、その場しのぎのダイエットなどではなく、整体で骨格や筋肉のゆがみを元に戻し、やせやすい体をつくる。——これを、私はおすすめしています。

❖健康美は一生の宝

当店は創業から三十三年を迎えましたが、常連のお客様と話していると、

「あれって……六年くらい前のことでしたっけ？」

「いやだ田畑さん、もう十八年はたっているわよ！」

そう言われて「ええっ!?」とびっくりすることが、しばしばあります。

私の名誉のために申し添えておきますと、近ごろの私の記憶力が減退している……

というわけでは、決してございません。

それで、どうしてこんなことが起きるのだろう、と考えていたのですが、最近、ようやくわかりました。

常連のお客様たちは、もう長いお付きあいの方も多いはずなのに、皆さん、とてもお若いんです。

初めてお会いしたときから、ほんの数年しか歳を重ねていないようなお顔をしているので、私の中の時計が、おかしなことになっていたのでした。


永遠《とわ》に美しくありたいのは、女性の本能です。

でも、女性ホルモン（エストロゲン）の分泌量のピークは三十歳前後で、その後、下降に転じます。

同じタイミングで、骨密度や卵巣機能も低下していき、これに、摂取する栄養素の偏りなどのマイナス要素が重なれば、老化のスピードは、いっそう速まります。

ホルモンバランスと基礎代謝力を代弁する骨格と、「内臓の鏡」と呼ばれる肌は、どちらも老化が目につきやすい場所です。

ところが、常連のお客様たちを見てみると……年齢を重ねるほど若いころよりゆがみが出やすい骨格は、定期的なメンテナンスでバランスを保っていますし、お顔も明るくハリつやもよく、年齢の出やすいはずの手や首もとも、同年代の方よりずっと、きめこまやか。

長年のお客様でもある旧《ふる》い友人などは、すこし前、なんと五十代の初産で元気でかわいい男の子を授かり、

「部下に『これから産休とるから、あとよろしくね』って伝えたら、びっくりしすぎて、椅子ごと倒れていたのよ」

育休明けの職場復帰後に、そんな笑い話をしてくれました。

健康寿命が延びつづけている日本で、中高年になっても健やかな女性たちは、活力に満ちて本当に素敵です。しかも皆さん、内面から輝くような美しさがにじみ出ているのです。

もしかして、これは「ラピスメゾン」がお役に立てているのでは？　と、なんだか嬉しくなってしまいました。


余談ですが、「ラピスメゾン」で一緒にお仕事をしている近藤篤子《こんどうあつこ》先生に、「私たち、もう干支《えと》ひとまわりくらいの付きあいよね」

と言ったところ、

「そんなに短くありません。……わたし、もういいトシですよ」

と言われてしまいました。

そんな近藤先生も、美魔女です。

Method 4
人と自然のエネルギー

❖イメージの海へダイブする

人体の構造を頭に叩きこんで、手技を極めるのが大前提ではありますが、整体の極意は「想像力」かもしれません。

指先や手のひらで、お客様の体をスキャンしていると、内なる声が聞こえます。体内には大量の情報があふれているので、聞きとり優先順位はとても大切で……。

「最近、なんだか胃の調子が悪いのよ」

そんな場合でも、左側の肋骨の下に圧痛点がある人と、右側の肋骨下にある人とでは、消化そのものに問題があるのか、それとも脂肪分の分解機能が問題なのか、原因が変わってきます。そして、胃だけでなく十二指腸、胆嚢、胆管や膵管など、こまかく声を聞いていくと、体が喜んでいるのがわかります。

「整体って、内臓にどう影響するの？」

よく聞かれる質問ですが、たとえば、胃腸などの消化器系の内臓は、感情に影響されやすく、特に緊張でゆがみます。腸内と脳内の環境が相関している例ですね。

内臓のゆがみが筋肉を引っぱり、さらに関節がゆがみ、ついには骨格までもがゆがむのです。それを正していくのが整体技術というものです。

「整体」というと筋肉と骨、関節にだけ施術するもの、と思われがちですが、もちろん、そんなことはありません。免疫系への働きかけや、「経絡」という全身を流れる気の道を理解して、使いこなすことも重要です。

あらゆる原因を司る「経絡」という「目に見えない体内路線《ルート》」は、たとえるなら無線のインターネット回線です。一方、結果を司る自律神経や中枢神経系の「目に見える体内路線」は、有線の電気信号なので、なんとなく電力会社という感じ。

これらの原因と結果が外へ出てくる前に、体内のルートをぴかぴかに掃除して、老廃物を先に出して予防できれば、私の勝ち。

そんな想像をしながら、私はいつも施術しているのです。

❖奥深いけど理解されにくい

整体の理念は古くからあるのに、整体技術は今も進化しつづけています。

掘れば掘るほど地下からあふれ出る温泉のようで、オタク気質で飽きるまで掘りつづける私とは、とても相性のいいものでした。お客様の症例に合わせて施術し、うまく結果が出ると嬉しくて、私はどんどん深みにダイブしていきました。

ただ、とても残念なことに、今現在ですら、整体という概念自体があいまいに扱われているのは事実です。

これには、近似業種である「あん摩マッサージ指圧師」「はり師・きゅう師」が昭和二十二年に、「柔道整復師」も平成五年には国家資格になっているのに、「整体師」はいまだ国家資格ではなく民間療法の扱いとなっている……という背景があります。現場で実績が出ているのに、効果効能を明確に表現することができない。

これは、大きなジレンマでもあります。

そんな中、「ラピスメゾン」は、当初から女性専用をうたっていましたので、早い段階で「月に一度の整体療法」「女性の心と体のメンテナンス」という、月経トラブルに悩む女性に届く言葉を発信できたのは、幸いなことでした。

❖地球のパワーを取り入れる

この仕事をしていると「見えないもの」の効能に、思いを馳《は》せるようになります。

東洋医学における「経絡」、アーユルヴェーダ（インド医学）の「チャクラ」、これらはともに、体内をめぐるエネルギーの道のことを指していますが、どちらの場合も、目に見えぬ生命エネルギーの存在を大昔の人が信じていたのだ……という事実に、なんだか胸が熱くなります。

人体は小宇宙と言いますが、お客様の体を見ているはずなのに、その先に天と地、宇宙や地球までもが見えてくるのは、セラピスト独特の感覚なのかもしれません。


以前、アメリカのセドナに行った私は、帰国して磁気に夢中になりました。セドナはパワースポットと呼ばれる場所で、地から噴きだすとてつもない力を感じたのですが……その膨大なエネルギーの正体が、強い磁気だと知ったからです。

人の体と磁気の関係は、切っても切れないほど深いもの。地球そのものが磁石で、人は「地磁気」の上で暮らしているのですから、そこに変化があれば当然、私たちの体調に影響を及ぼしたりもするのです。

たとえば、低気圧の接近で古傷が痛んだり、頭や足腰に痛みが走ったり。逆に地磁気が強力な場所にいると、体調がよくなって気分が晴ればれしたりするのも、イオン成分を含んだ血液が、磁気の影響で活性化するからと言われています。

磁気が農作物の成長を促進させる、というのも昔からよく知られていて、現在も研究が進んでいると聞きます。

そんな中、都心部に住む現代人は、鉄筋コンクリートの建物にいることが多く、電車も車も、自然環境からはおよそ遠い場所にあります。

当然のことですが、鉄は大気に比べ、数百倍から数千倍も磁気を吸収しやすく、鉄に囲まれて生活する私たちは、せっかくの磁気を自ら遮断していることになります。

地球の磁気は、西暦五〇〇年ごろをピークに減少しているそうですが、それほど長い年月をかけた話であれば、たとえ減っているからといって、すぐに私たちの体に影響が出るわけではないはずです。しかし今は、人工的な電磁波が大量発生していて、人は地磁気を受け取りにくくなったとも言われています。ここに、いわゆる現代病との因果関係を感じてしまう私は、考えすぎでしょうか。

私たちは、異常気象や災害の頻発から、地球の「不調」を肌で感じています。

地磁気が、地球の生命エネルギーだとするなら、そのパワーの恩恵にあずかることに感謝して、地球の「健康」を守っていきたいものです。

❖生命の神秘を感じる

アーユルヴェーダ発祥の地は、インド南方のケララ州とされています。どうしても現地の空気を肌で感じたくて、私もインドを旅したことがありますが、ケララの気候は過酷すぎてあなたには耐えられませんよ、とアドバイスされたので、北側から入国して、マハラジャのアーユルヴェーダをガイドしてもらいました。土地も空気も人も、日本とはまるで違う。暑い異国での体験は、私の魂に深く刻まれました。

アーユルヴェーダには、「チャクラ」という概念があります。近年のヨガブームもあり、この言葉を知っている人は多いのではないでしょうか。チャクラは古代サンスクリット語で「動きの輪」、つまり、円盤や車輪などを意味する言葉です。文字どおり、チャクラは渦巻きのエネルギーなのです。

大きく解釈すれば、セドナのような地磁気の強いパワースポットは、地球という生命体のチャクラということになりますね。

さて、人には天地から流れこむ「生命エネルギー」があり、それを体内に取りこむ変圧器が、チャクラという七つのエネルギーセンターらしいのですが……。

生命エネルギー。これは私の心を鷲づかみにするフレーズでした。

なにしろ、私自身の生涯のテーマは、「生命力を増やす」なのです。元来のポンコツ体質から、特に肉体系のエネルギーが足りていない、という自覚はありました。

生命の、エネルギー。私に必要なものが、ふたつも揃っているではないですか。

そこからまた、オタクな私の、深掘りの旅が始まりました。

ひととおり調べ尽くした私の頭の中に、ふと、こんな映像が浮かびました。

母の子宮をベッドに、すくすくと成長している、羊水に浮かぶ胎児。

頭部には、はるか彼方の宇宙の星々から、螺旋状に流れて落ちてくる「天（陽）」のエネルギーが、そして生殖器には、自転する地球から、上昇してくる「地（陰）」

のエネルギーが、それぞれに送りこまれて……胎児は天地の力を受け取っていました。

このイメージは、私がすでに学んでいた経絡の理論において、「子宮内膜」と「母体の体表」を流れるとされる、それぞれ十二本の気の流れとも呼応していました。

そして、さらにこれは、陰陽五行の思想にもつながっていくのですが――。

私はむしろ、自分が今つくった、幻想SFめいたイメージに感動していました。

人の命って、壮大なスケールの中にあるんだな。

私たちは、ちゃんと地球とつながっていたんだな……。

文献の文字を追うだけではピンとこなかったことが、また、今まで学んできたいくつかの学問の言わんとしていたことが、このときストンと腑に落ちたのです。

私たちが日々経験する体の不調は、生命エネルギーがうまく流れず、どこかで渋滞している姿なんだ。症状にせよ感情にせよ、その渋滞した状態ばかりを見つめているから苦しいんだ。

そこから、熊よけの鈴を持って群馬県の玉原高原を裸足で歩いた、二十代後半ごろの記憶が急によみがえってきて、「そういえば、あの年は体調がよかった気がする」

と、不思議な気持ちになりました。

当時の私はまだ、痛みを断ち切る技術にしか意識がいっておらず、あまり深く考えないまま、大地を裸足で歩いていたのだけれど……。

あの年のあの日、そうとは知らずに、私はたしかに、大地《アーシング》とつながる儀式をしていたのです。

❖エネルギーとうまく付きあう

お客様の施術において、私は「手技」を最重要と位置づけていますが、人の手では再現できない部分に介入する、電子機器の補助的役割にも信頼を置いています。

昔、エステティックサロンでは、低周波を発生させる機械で筋肉運動を促していました。つづいて永久脱毛には、高周波と直流電流のブレンド。そして光脱毛からレーザー光線……と、現場で使われるデジタル機器は、医療脱毛の技術とともに進化してきました。現在は、波動測定器やテラヘルツ波発生装置のような、さらに進化を遂げた次世代機器も現れています。

蔵にモーツァルトの音楽を流して音の周波で味噌を熟成させる、という取り組みの紹介を、以前テレビ番組で見たことがあります。

最近では、腎臓結石や胆石に、外から超音速の衝撃波をあてる治療も定着してきました。石は特有の周波数で振動する結晶のため、衝撃波を共鳴させ、体を傷つけることなく、中の石のみを細かく粉砕するという技術です。

また、細胞を修復するとされ、「育成光線」とも呼ばれるテラヘルツ波は、光と電波の中間のような性質をもち、一秒間に一兆回もの振動数があり、人を含むあらゆる生命体や物質から放射されるという電磁波です。ブロックされている部位にテラヘルツ波を当てると、細胞が活性して免疫力が上がると言われています。

技術や機器は日々進化しても、人の体の本質は、今も昔も変わりません。

内なる声を聞き、体に有効なエネルギーとは、うまく付きあっていきましょう。

❖七つのチャクラ

チャクラの七カ所の位置は、どの文献でも共通しているものの、なにを意図するかによって、名称には差異が出てきます。

ここでは、私のフィールドである「内分泌（ホルモン）」になぞらえたチャクラの説明を、すこしだけ記してみますね。

・第一チャクラ（赤）／ルートチャクラ【基底】——副腎

副腎は三角形の腺で、両方の腎臓にかぶさっています。分泌するのは、たん白質の異化・炭水化物の代謝・体液の塩分バランス制御などに関わるホルモン。副腎皮質からは、ストレスから体を守るコルチゾールを、副腎髄質からは、アドレナリンとノルアドレナリンを産出します。このチャクラは、生命の存続に深く関わるとされます。

・第二チャクラ（橙）／セイクラルチャクラ【仙骨】――（女性の場合）卵巣

男女ともに生殖器（性腺）、声変わりや体毛などにも関わるホルモンをつくります。卵巣は卵子をつくり、性的な発達と成熟を司ります。また、女性ホルモンであるエストロゲン（卵胞ホルモン）とプロゲステロン（黄体ホルモン）を産出します。これらの影響の大きさは、一番体感度が高いのではないでしょうか。このチャクラは、自分と性との関わり、また、それに伴う情緒バランスの問題にも対応します。

・第三チャクラ／ソーラプレクサスチャクラ（黄）【太陽神経叢】――膵臓

膵臓は胃の後ろにあり、糖質分解酵素（アミロプシン）、脂肪分解酵素（ステアプシン）、タンパク分解酵素前駆体（トリプシノーゲン）が含まれます。また血糖値を制御するインシュリンをつくります。このチャクラの機能障害に糖尿病があり、消化器系と連動する機能障害に胃潰瘍があります。太陽神経叢は感情とのつながりが強く、ストレス性の不調は、ここに起因することが多いのです。自分も他人も「許す」という、深い意味をもつチャクラです。

・第四チャクラ／ハートチャクラ（緑）【心臓】——胸腺

胸腺は心臓の真上にあり、全身の成長、とりわけ成長期までの発育を促すホルモンを分泌します。リンパ球の活動を刺激し、体内を浄化する働きがあり、いわゆる自己免疫疾患（免疫システムが、自らのたん白質と異物とを間違えて抗体をつくってしまう病気。肉体の問題だけでなく、情緒的な問題も関係するといわれます）を防ぐ役割も担います。ここが、肉体と精神をつなぐ架け橋です。

・第五チャクラ／スロートチャクラ（青）【喉】——甲状腺・副甲状腺

甲状腺は喉仏の下にあり、代謝速度を調節するチロキシンをつくります。甲状腺の後ろに副甲状腺があり、血液中のカルシウム値をコントロールしています。肉体の発育だけではなく、精神の発達にも影響するといわれます。コミュニケーションに関わる喉のチャクラが活性化すると、脳の理性的なアプローチを重視しながら、情緒的な表現ができるようになるといわれます。言いたいことが言えない、伝わらないという、コミュニケーション上のストレスは、ここに症状が出やすいです。

・第六チャクラ／サードアイチャクラ（藍）【第三の目】――下垂体

下垂体は頭蓋骨の中央下方、眉の近くにあり、成長、代謝、体で起こる化学反応、そのすべてに影響する成長ホルモンやプロラクチン、オキシトシンなどもここから分泌します。ほかにも多数ありますが、内分泌腺の働きを制御する部位なので、内分泌中枢と呼ばれます。このチャクラは直感力と関わりが深く、女性の場合、特に出産のとき、子どもにまつわる直感が鋭くなるといわれます。

・第七チャクラ／クラウンチャクラ（紫）【頭頂】――松果体

松果体は脳の奥まった位置にあり、メラトニンを分泌し、体内時計の役割をしています。老化防止の効果もあり、全てのチャクラに影響を与えますが、解明されていないことがまだ多いようです。松果体は、肉体的・情緒的・精神的な「自己」が効果的に機能するための、コントロールセンターです。

こうやって見ると、第一から第三のチャクラは肉体に、第五から第七のチャクラは精神に、それぞれ影響をおよぼすホルモンを司っているのは明白です。そして、その真ん中にある第四のハートチャクラが、肉体と精神の架け橋になっているのです。

自分も他人も許せないでいる（第三）と、ハートがブロックを始め（第四）、内も外もコミュニケーションが閉塞（第五）する……という不健康な悪循環は、現代社会においては、本当によくあることのように感じます。これがつづけば体が疲弊し、心が病んでしまうのも、ある意味当然なのかもしれません。

では、すこやかに、うつくしく生きるためには、どうしたらいいのでしょう。

答えは簡単です。自分も他人もいたわり、「許す」こと。

そういう肯定的なイメージを頭に浮かべ、体をほぐし、気をめぐらせる。

このプロセスを踏むだけで、心身の状態が改善されるのは、やはり人が「意識」の生き物だからかもしれません。

先にもお話ししましたが、私の命題は「生命力を増やす」ことでした。チャクラを学んでから、「地球に根を張りエネルギーを受け取るために、第一チャクラを活性しなければいけない」と思い立ち、該当色である赤い食材を口にしたり、赤いパンツをはいたりもしました。

また、第二チャクラは「仙骨」と同時に「丹田《たんでん》」を指す場合があり、そこから丹田呼吸法を知りました。さらに深掘りしたら、臍下丹田の呼吸法を使う「合気道」にたどりつき、今も欠かさずお稽古に通っているというわけです。

❖自分の体とのコミュニケーション

人が言葉を使って他者とコミュニケーションをとるように、実は体内でも、細胞間では情報が行き交っているのだそうです。

たとえば緊急連絡のときは、神経伝達物質を使ってメールのように一瞬で届け、大切なおしらせは手紙で郵送するように、血液に微量なホルモンを混ぜて配達しているのだとか。このメールや手紙が届かなかったり、大量に送りつけられたりすると、人は病んでしまうのです。

内分泌系と自律神経系は二人三脚の関係にあり、特にホルモンは、女性の幸運度を左右するほどの重い役割を果たします。なにしろ内分泌の多寡で、心も体も容易に変化し、人生にまで影響が出てしまうのですから、責任は重大です。

しかし、こんなにも重要だというのに、たとえば、卵巣から分泌される女性ホルモン（エストロゲン・プロゲステロン）の量は、一生のトータルでもティースプーン一杯程度と言われています。一日の分泌量に至っては、それこそ一グラムの百万分の一。たったそれだけで作用を発揮するなんて、これは大変な驚きです。

私たちは、自分の体がつくりだす「ホルモン」という不思議な物質と、もっと深くコミュニケーションをとるべきなのかもしれませんね。

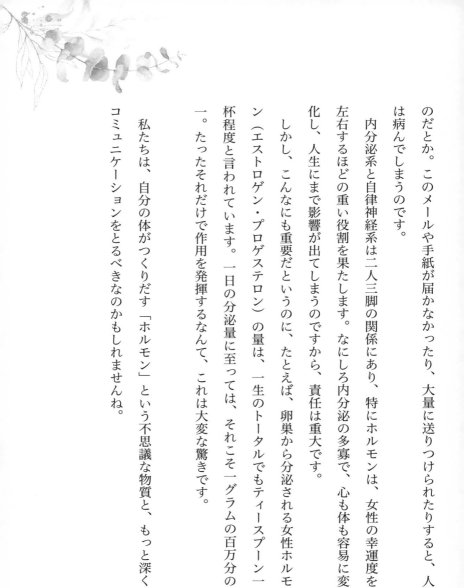

Method 5 台所は薬箱

❖食の常識は変化する

ダイエットはいつの時代も注目のテーマですが、「脂肪」と聞くと「いらないもの」「悪いもの」と思いがちですよね。でも、人間の脳は、水分をのぞけば六〇％は脂肪です。脂肪は体に必要な栄養素なのです。

昔、健康志向の人はいっせいに、コレステロール値の高いバターをやめ、植物由来のマーガリンに乗り換えました。しかしそれから数十年が過ぎた現在、マーガリンは体によくない「トランス脂肪酸」を含むので、健康のためにはバターを食べなさい、と完全に話が逆になったのです。こういう事象は、挙げればきりがありません。

——なにが本当で、なにを信じればいいのか。

そんな思いから、最先端の臨床栄養学（ホリスティック・ニュートリション）を修めるため、私はアメリカの専門教育を受けることにしたのです。

ビタミン・ミネラルをはじめ、生命の神秘、酵素栄養学、精神栄養学、インド薬草学、アーユルヴェーダ……多くの教材から学べば学ぶほど、人間の体の設計が、いかに素晴らしいかを思い知りました。


食品栄養学以外は、日本は他国より十年は遅れていると言われています。

私もこれには苦い経験があります。かれこれ四半世紀も前になりますが、臨床栄養学を修めた私は、「これは本当にいいものだ！」と確信し、カナダ産無農薬栽培のフラックスオイル（アマニ油）を自力で仕入れたことがありました。

アマニ油（α《アルファ》－リノレン酸）や青魚（ＤＨＡ・ＥＰＡ）などに多く含まれ、血液の流れをスムースにしたり血中中性脂肪を下げたりと、いいことづくめの「オメガ3《スリー》脂肪酸」は、体内ではつくられず、食品から摂《と》るしかない必須脂肪酸です。

今でこそ大手食品メーカーも積極的に宣伝展開し、スーパーの陳列棚でも見かけないことがない人気の油ですが、当時は私の必死のプレゼンの甲斐もなく、「値段が高いし、植物由来なのに生臭い」と、さんざんな評価だったのです。

新しいものへの抵抗感が強い国民性ゆえか、せっかく健康によい食品があっても、大多数の人に受け入れてもらえない……という事実は、なんだか悲しいことでした。

ちなみに、アマニ油は加熱してはいけない油なのですが、摂取方法を聞かれたときには「納豆にかけて食べるとおいしいですよ」とお伝えしていました。これは、今でもよい食べ方だと思っています。

❖医食同源ということ

以前、日本でも人気を博した『宮廷女官チャングムの誓い』という韓国の歴史ドラマがありました。ヒロインのチャングムが、シリーズ前半は宮廷料理人として、後半は王の主治医となって活躍する物語です。料理人が医者となる流れといい、画面に映る料理が薬膳そのものだったことといい、「医食同源」という言葉がしっくりくる、とても興味深いドラマでした。

俗に「台所は薬箱」などと言いますが、体に適した食事をすれば、活力がみなぎって、病気をはねのけることもできるはず。人の体に備わる「自然治療力」を眠らせたままにしてはもったいないです。体調や体質、季節や状況に合わせた栄養の摂取は、どんな強い薬よりも有効なのですから。

私は食いしんぼうなので、食べるのもつくるのも大好きです。「おいしい」は、それだけで心と体の栄養になります。実際、不調になってからメンテナンスするより、予防としての食事に気を配るほうが、何倍も体に優しいのです。

❖食べたものが体をつくる

かく言う私も、「骨が弱いから」と、カルシウムのサプリを飲んで胃が痛くなったり、「それなら、カルシウムが摂れる硬水を……」と飲み過ぎた結果、ひどい副作用に悩まされたり。そこでつまずくの!? と自分でも驚くようなところで倒れ、ときに狭心症の心臓発作で病院に運ばれ、常に満身創痍の日々でした。

臨床栄養学を修めた今は、口に入れるものに細心の注意が払えるようになりましたが、それでもまだ、予想のつかないことはありました。

これもセドナでのことです。現地で出会ったある女性に、こう言われたのです。

「あなたのフィルターは目詰まりしている。このままでは、寿命まで体がもたない」

他人に余命宣告されがちな人生なのですが、「またか」と私も途方に暮れました。

すると彼女は「取り戻すには食事。小麦粉をやめなさい」とつづけたのです。

栄養学オタクを自負していたのに、こんなことを言われるとは……という衝撃と、なによりパンとパスタが大好物の私、それを排除したらＱＯＬ《クオリティー・オブ・ライフ》が下がってしまうじゃないかという絶望が、同時に襲ってきました。

しかし私は、信用できる相手の指摘は素直に聞くタイプです。言われたとおりに、まずは一年間、粉ものを断ちました。

すると——本当に、すっかりむくみが消えて、体が軽くなったんです。

これには本当に驚きました。

のちに判明するのですが、小麦粉に含まれる、たん白質の一種「グルテン」が、私の腸に悪影響を与え、炎症トラブルを起こしていたのです。

最近では、ライフスタイルの多様化や、アレルギー表記の観点から、「グルテンフリー」をパッケージに明示する食品も増えてきましたよね。

腸内環境の悪い人、慢性炎症タイプの人、むくみやすい人は試す価値アリです。

バターとマーガリンの話や、アマニ油の話を引きあいに出すまでもなく、かつては知られていなかったことも、時間が経てば新しい知識となって、これまでの常識を覆《くつがえ》すことがあるのです。

オタクとして、たゆまず勉強をつづけなければ……と痛感したエピソードでした。

Method 6

自分を大切に

❖日本人の損な民族性

昔から「島国根性」という、やや侮蔑《ぶべつ》的な言い回しがあります。他国と交流の少ない島国に住む者にありがちな、閉鎖的な国民性をあらわした言葉です。

鎖国していた江戸時代とは違って、現代日本は諸外国との交流が盛んですが、やはり意識の上で、今も閉鎖的な部分はあると思います。

新しいものや、外からくるものに、警戒心が強いところ。

自分が所属するコミュニティー内の、同調圧力に屈しやすいところ。

他人の顔色をうかがって、自分を殺してしまうのが得意な国民性。

「滅私奉公《めっしほうこう》」や「自己犠牲」が美徳とされる社会の雰囲気、はたまた「社畜《しゃちく》」なんて言葉が、リアルなイメージで共有されているのは、なかなか異様なことです。

私も会社員時代は、今で言うところの「社畜」そのものでした。

会社の仕組みにはめられて、人間関係に息苦しくなりながらも、寝る間も惜しんで働いて、ストレスを溜めこんでいたものです。

日本人……と仮に大きく括《くく》ってしまいますが、日本人は本当に、自分を大切にすることが苦手なのです。

この仕事をしていると、最新の技術や理論や情報は、いつも海外から入ってくることに気がつきます。

また、それらの研究資料が翻訳されたり、商品やシステムを扱う日本支社ができたりして、ようやく日本に入ってきたと思っても、そこから先へ進むのに、とても時間がかかってしまったり……。

結局、ごく一部にしか情報は出回らず、いつまでたっても一般に定着しない、などということはよくあります。

逆に、一過性のブームがきて、間違った解釈のまま雑に消費されてしまい、あとになって「なんだか怪しかったよね」と、眉唾《まゆつば》扱いをされたものもあるでしょう。

このあたりに、私は日本人の「島国根性」を垣間見《かいまみ》てしまいます。

未知のものを受け入れるための心理的ハードルが高く、そのくせ、世間の風潮が変われば無条件に許容する。

よく言えば「慎重」、なのにガードは甘い。そして、判断を他者に委《ゆだ》ねてしまう。

——こう書きだしてみて、今、気づきました。これ、私とは完全に逆のタイプなんですね！（笑）

私は健康オタクなので、知らない情報があると、それを深く学びたくなって、どんどん追究していくクセがあります。

そうすると、最先端の技術や、マニアックすぎて習得が難しいもの、まだ日本では市民権を得ていないもの——いわゆる「早すぎたもの」に行きついてしまうことも、しばしばあります。

あとから時代が追いついてきて、「やっぱりこれは正解だった」と答え合わせができるのですが、そんなときはいつも、この日本特有の「腰の重さ」に、げんなりしてしまうのです。

若いころは、この自分の「オタク性」に無自覚だったので、

「私、そんなに難しいことは言ってないよね？　ちょっと勉強すればこれくらいのことは誰でも思いつくのに、なんで誰も同意してくれないんだろう？」

と、本気で悩んでいました。

❖集団の中で「浮く」ということ

そもそも私は、会社員時代から、いいえ、それどころか学生時代から、自分の所属する集団から「浮く」子でした。

学生のころは「学級委員をやるなんて、女のくせに生意気だ」と言われ、男子にア

ルミ製のバケツを投げられて、頭を何針か縫うことになったり、なぜか学校の階段から突き落とされたり。今思えば、傷害罪レベルのいじめですが、当時は、あまりのことに、ぽかんとするしかありませんでした。

与えられた役割を果たす。仕事をして目標を達成する。そういう普通のことを、普通にやっているだけのはずなのに、どうしてもうまくいかない。

「世の中って、なんだか変だな。いや、場所を変えても、職場を変えても、同じことが起きるということは、私のほうが変なのか？」

怒りと自己嫌悪で、心がガサガサになるばかりでした。

周囲から「浮く」人は、異物として排斥《はいせき》されやすい。

それはおそらく、同質集団の横つながりの「和」を乱すから。

いじめの理由はさまざまですが、中には、こういう理由でいじめの標的にされる人もいるでしょう。

自分がどんなふうに浮いて見えるのか、当事者であるうちは、なかなか気づけません。仮に気づいたとしても、相手に合わせて自分のパフォーマンスを下げるなんて、どうにも馬鹿ばかしい話です。

自分を受け入れてくれそうにもない場所に、ずっといつづける必要などないのですし、どこに行けば自分らしく生きられるか、そろそろ私たちは、自由に選んでいいと思いませんか？

❖自分本位はわがままではない

すこし前、同名のドラマ人気とともに「逃げるは恥だが役に立つ」という、ハンガリーのことわざが、よく知られるようになりました。

セラピストの立場から見ても、これはいい言葉だなと思いました。

――今、置かれている状況が苦痛なら、無理にしがみつく必要はない。敗走と思われてもいいから、その場から逃げることを視野に入れて、「本当の自分」を活《い》かせる場所へ行け。

おそらく、こんな解釈をしていいのでしょう。

自分だけ楽なほうへ逃げるのは、わがままだ。まわりの人に迷惑をかけて申し訳ない。そんな気持ちで、その場に踏みとどまって、人柱《ひとばしら》のようになっている女性を、私は何人も知っています。

いまだ男性優位の会社で働く女性社員、「こうあるべき」とされる姿で家庭に縛られる妻や母親、親の介護に疲弊《ひへい》する娘——その誰もが、自分の心に呪《のろ》いをかけて、逃げることをあきらめています。

個々の事情や、感情的ストッパーが働いて、「逃げていいんだよ」と言われても、動けない人は多いでしょう。

だからせめて、そういうときは「つらいことを拒否するのは、わがままではない」という呪文を、自分にかけてあげてください。

「自分を大切にする」という、人生で一番大事なケアを実行しているのですから、それは、誰に恥じる必要もないことです。

❖本当の意味での「健康」

今、家の中でも外でも、たくさんのしがらみがあって、心と体のバランスを崩している女性が、とんでもない数にのぼっている気がします。

コロナ禍《か》で鬱々《うつうつ》とした日々を年単位で過ごし、不定愁訴《ふていしゅうそ》に悩む女性が増えているのは事実で、「病院に行くほどではないが、つらい、だるい」「どこが痛いのかわからないくらい、あちこちが痛くて苦しい」という慢性的な疲労や苦痛に、メンタルのほうが先に音《ね》をあげている人も多いのでしょう。

今の時代、健康な人は少ないのです。

なぜなら、本当の意味での健康とは、単に「病気ではない」ことではなく、肉体的にも精神的にも調和がとれて、初めて成立するものだからです。

たとえるなら、エネルギーが停滞することなく、体内でよく動いている感じ。その状態が「健康」なのですが、それを守る（保つ）ためには、今度は「心」のあり方が重要になってくるのです。

「自分を大切にしてください」

私が何度もそう言うのは、今これを読んでいるあなたに、このフレーズを意識していただきたいからです。

日本に古くからある考え方に、「言霊《ことだま》」があります。

言葉には呪力があり、それが現実に影響をおよぼす……というものですが、これはつまり、その言葉を発した人と受けとった人、それぞれの「意識」にすりこまれるから、効力が発生するのです。

人間は「意識」の生き物です。

意識というものの定義は難しいのですが、私はそれを「心のあり方」だと思っています。心のあり方が、その人をつくっているのです。

ですから、まず「自分を大切にする」――そう意識するところから始めてください。

❖すこやかに、うつくしく。

自分を大切にする方法は、人によって千差万別です。どう生きたいか、どんな自分になりたいか。それをイメージしながら、前へ進んでいけばいいのだと思います。

人生は徒競走ではありませんから、隣の人と競《きそ》う必要はありませんし、他人の目を気にする必要もありません。

急ぎたい人は、自分のペースで走っていい。もちろん、遅くたっていい。ゆっくり歩いて、木陰《こかげ》で休んでもいい。速度なんか関係なく、その道の途中にあらわれた景色にこそ意味があるんですから。

大切なのは「自分の価値」を知ることです。でもそれは、世間のものさしで測る価値ではありません。生きているあなたそのものの「命」の価値です。

人は、生きているだけで、すごい。

つまり、価値のない人なんて、ひとりもいないということ。

私は、自分の体がポンコツゆえに出会えた人、つながったご縁のおかげで、ここまで来られたと思っています。


そして、私の「意識」の変革は、いつもお客様の存在とともにありました。

「私を頼ってきてくださるお客様がいる。だから、求められている間は、倒れることはできない」

この「倒れられない」という強い気持ちが、私の意識を高めてくれて、実際に体が強くなりました。おそらくこれが、私のＤＮＡ変換スイッチです。

「田畑さん、無理をしていませんか、体によくないのではないですか」

私の過去を知る方ほど、そんなふうに心配してくださるのですが……。

逆なんです。

私が健康でいられるのは、自分の中にある技術や知識すべてを引きだして、余すところなくお客様に使いたい、という欲望があるからです。

きっとこの体は、ここで使うために、自然法則の中で借りたもの。
そう思うからこそ、思いきり、悔いなく、使いきる。
私にとって、「ラピスメゾン」は、お客様との出会いの場であり、
同時に、自分の体を「再生する家」でもあったのです。

しあわせを、さがす。

Nature
de
Esthé

Method 7

自分の「決断」を信じる

❖「気になる」は「好き」の予備軍

自己紹介の定番で、「趣味」を語ったりしますよね。

読書や音楽、旅行や映画鑑賞。スポーツの種目を挙げる人もいるでしょう。

でも最近は、「どうやって趣味を見つけたらいいんだろう」と、悩む人も多いと聞きます。


趣味をもつのはいいことだ、という意識があって、自分もそれなりに語れるような趣味をもちたい、とも考えているのに、あまり心が動かない。

それは、忙しかったり、生活に余裕がなかったりして、余暇の時間を捻出できないせいかもしれません。すきま時間にスマホでゲームをやるのがせいぜいで、本格的な趣味に没頭する心の余裕がない人が、増えてしまったからかもしれません。

だとしたら、この「趣味が見つからない」話は、社会構造の問題になってしまうのかもしれませんが……ここではまず、自分の心のために「気になるもの」を見つけることを、私はおすすめしたいのです。


趣味の話に限って言えば、私自身は、好きでやってきたことが蓄積されて仕事になったタイプです。仕事イコール趣味のようなもので、ほかに趣味を挙げるなら、無難に「読書」といったところですから、あまり参考にならないかもしれません。

ただ「気になる」ものについては、必ずしも趣味にまつわることとは限りませんから、こんな方法はいかがでしょう。

すぐに「これが好き」「これを極めたい」と思えなくても、「なんとなく気になる」ものを見つけたときは、自分の中にストックしてみる。取捨選択はせず、まずは気になったもの、ビビッときたものを、どんどん心の片隅の棚に置いてみるんです。

「気になる」は「好き」の予備軍なので、ストックしたものが目について、ついインターネットで関連記事を調べてみたとか、それに関する本を読んでしまうとか、そういう兆候があったら第一関門クリア。「気になるもの」が「好きなもの」に昇格するチャンスです。

「好き」をたくさんつくっておくと、視野が広がります。

いろいろな「好き」や「気になる」が神経細胞のようにつながって、次になにか新しい情報がもたらされたとき、それが自分にとって必要なものか、いらないものか、判断する速度が変わるのです。

よく、運命的な出会いについて「ビビッときた」なんて表現したりしますが、これも、判断速度が自分の意識を上回った状態を指しているのかもしれません。

実は私も、新しいものや人との出会いに「ビビッときた」もしくは「ぴかりーんと（心の電球が）光った」かどうかで、進む道を決めることが多いのです。

興味あるものをストックし、万全の準備ができている状態で、目の前のものを見て

「ぴかりーん」ときたら、それはもう運命です。

頭が「これは今の自分に有益だ」と判断した証拠なので、私はすぐに行動します。

それが「もの」や「こと」であれば、手に入れたり潜入したりします。「ひと」であれば会いに行くし、場合によっては、弟子にしてくれと申し入れます。

思い立ったときの私の決断と行動の速さは、周囲を驚かせるらしく、

「田畑さんは、大胆というか、思いきりがよすぎるね。怖くないの？」

などとよく聞かれるのですが、実は、怖いと思ったことは一度もないんです。


昔から体が弱かったせいか、きっと自分は短命で、五十歳まで生きられたら御《おん》の字だ、太く短く生きるんだ、と思いつづけてきました。

今はもう笑って話せることですが、長らくの間、私は人生計画表の最終年齢を五十歳に設定していました。二十五歳のときには「ああ、もう折り返し地点にきてしまった……」と、真剣にあせっていました。

設定した残り時間が少ないから、ガツガツいかないと間に合わないのです。

最短で決断して、ブルドーザーのように動くしかないと思っていたので、迷っているひまなどありませんでした。そして結果的に、そのあせりが私を強くし、いつも全力で走らせてくれたのです。後悔はありません。

もちろん、いくつかの「決断」は、予想外の結果に終わったり、失敗したりもしました。でも、それ以上の成果が出た「決断」がほとんどで……その打率の高さもあって、私は自分の「ぴかりーん」を信じているのです。

たくさんの経験は、私の行動力を補強してくれました。

苦い失敗の経験ですら、補強材料になるのです。反面教師の法則が働いて、過去の例から「あれはだめだ」と判断する目が養われるのですから。

この目で見て、知識を得て、あらゆることを網羅《もうら》して、自分の中で思考の地図のようなものができてくると、自然と、そのときの自分に「必要なもの」がある場所に、最短距離でたどりつけるようになります。

それは魚釣りにも似ていて、どこに糸を垂《た》らせば、どんな魚が釣れるか、そのコツのようなものが、感覚的にわかってくるのです。

❖知識の蓄積を楽しむ

私の直感の「ぴかりーん」は、蓄積した知識や経験にもとづくものです。

中でも、読書から得られた知識は、私の大切な財産となりました。

テレビやインターネット、口コミなどから得られる情報も、ときに有効であることは事実です。しかし、何かを伝えるために、誰かが一冊の本にした情報には、それなりの責任があるように思えるのです。

その人が、本の形にしてまで、なにを伝えたかったのか。

それを知ると、私の中に、著者から手渡された「バトン」の存在を感じるのです。

私が今回、この本を書きたかった理由も、そのあたりにあるのかもしれません。

ウソいつわりなく、見たこと、やったことだけを叫んでみたい。

経験したことを、ダイジェストで書きとめておきたい。

思考回路の開示をしたら、そこからなにかを読み取った人が、この「バトン」を次のどこかへ運んでくれるかもしれない。

かつての私が、本から噴《ふ》きだす「自分でない人の思考の奔流《ほんりゅう》」を浴びて、なにかを得たときのドキドキした気持ちを、今度は私が誰かに与えられたら、こんなに嬉しいことはありません。

とはいえ、私の中で渦巻く膨大な経験と記憶を、いったん本の形で整理しないと、還暦をきれいに迎えられないような気がして、どうにも落ち着かなかった……というのも本音ですね（笑）。

❖内ポケットが役立つことも

誤解をおそれずに言うなら、私はとても素直な性格をしています。

好きなものは好きだし、イヤなものはイヤ。人の顔色をうかがったり、ウソをついたりするのも苦手です。

なにかひとつにこだわって、猪突猛進、一時はそればかりに没頭することがあっても、自分の中で「あ、これはもう、わかってしまった。情報収集は、ここまででいい」と思った瞬間から、それまで一心不乱に向けていた熱が、スーッと消えてしまうこともあります。

ひょっとすると、こんな私は周囲から「熱しやすく、冷めやすい人」と思われているかもしれません。

ですが実は、追究をストップして区切りをつけたそれらの情報は、私の白衣の裏側のいくつもの内ポケットの中に、きちんと整理されて「いざというときのための虎《とら》の巻《まき》」として、ストックされているのです。その中には、「ラピスメゾン」の長年のお客様にもまったくお話ししたことのない、もちろん当店のメニューにもない、いろいろなジャンルの知識や技術や資格があったりもします。

私は内ポケットのこれらを、仕事の補助データとして活用することがあります。表には出さないけれど、隠し味として使うと、とても効果的なものもあります。

もともとは、弱い自分を守るために、おまもりのように得た技術もあり、ただ内ポケットに入れておくだけで、安心できる知識もあります。

私の場合は内ポケットですが、人によっては引きだしであったり、棚に並べた薬瓶であったりするのかもしれません。

ただ、確実に言えることは、ひとつ。それらの「隠し球」は、隠しもっている本人をとても「楽」にします。

コンパクト化と効率重視の世の中ですから、さしあたって必要なものだけを、右から左へ流すやり方がスマートなのかもしれません。頭の中から余計なものを捨てて、蓄積情報をミニマムにするのは、悪いことではないのかもしれません。

でもそれでは、自分の中にはなにも残らない。残らないと、人は不安になります。

個人的には、頭と心には、ほどよく「おまもり」の情報を、入れておいたほうがいいと思っています。

Method 8

弱い自分を、つくり変える

❖ストレスはエネルギーに変換できる

日々のニュースは憂鬱で、将来への不安が多い世の中です。
休む間もなく家庭をきりもりし、仕事に打ちこんでいれば、心も体も疲れてしまいます。現代人が、ストレスなしに生きることは難しいのです。

ですが、そもそもストレスは、どうして溜まるのでしょうか。

答えはわりと単純で、「やりたくないことを、その人がやっているから」です。
分別《ふんべつ》ある大人であればあるほど、ストレスは蓄積されていきます。それは、内心の「いやだ」を圧《お》し殺して、望まないあれこれを請《う》け負《お》ってしまうから。

どうして「いや」なのか、自己分析ができれば、ストレスをエネルギーに変えることができる、と私は考えています。

マイナスのものをプラスにチェンジできるわけですから、これは一種の錬金術《れんきんじゅつ》ですが、それほど怪しいものではありません。本来であれば、誰にでもできることです。

ちょっと考えてみてください。

「いや」の反対側には、必ず「いい」があります。さらにその後ろには「こっちが好き」が隠れています。

いつも自分の中に「気になる」や「好き」をストックしていると、「いや」の反対側を向くのが、簡単になります。

ですから、そこからは、ひたすら「いい」方向を見てください。無理に「いや」な場所にいる必要はありません。なぜなら、「いや」の反対側の「いい」は、あなたにとって高濃度のエネルギーになりえるからです。これは単純な話ですが、ある意味真実です。

とはいえ、どんなに不本意でも、「いや」に留《とど》まらなければいけない事情をもつ人もいるでしょう。本当は、そんな場所からはさっさと立ち去るのが一番なのですが、とらわれて「でも……だって」となってしまうと、なかなか抜けだすのは難しいものです。

その場合は、とにかくできるだけ「いやだ」と考えないことです。

よく「引き寄せの法則」という言葉を耳にしますが、これは簡単に言えば「強く望めば、それを自分のもとに引き寄せることができる」というものです。

この「引き寄せの法則」と同じで、「いやだ、いやだ、いやだ」と考えつづけていると、そちらに近づいていってしまうのです。

なんだか雲をつかむような話に思えるかもしれませんが、人は「意識」の生き物とも言われています。意識——潜在意識と言ってもいいかもしれません——が、体や心に強い影響を与えるのは事実です。

よく「意識を変える」などと言いますが、実際に、潜在意識を変換できれば、劇的に状況は変化するでしょう。

❖潜在意識を書き換える

自由意志は、たぶん人間だけが持っている宝物です。でも、それの使い方がわかっていないと、ただの「宝の持ち腐れ」になってしまいます。

自らの意志で、意図的に――潜在意識を書き換える。

そんなことが可能なら、弱い自分を根本から変えることさえできてしまいます。私がこんな考えに至ったのは、自分の弱すぎる体質を変えたかったからでした。体質が変われば、きっと今以上に幸せになれる。ずっとそう思っていました。でも、体質を変えるには、体に影響を与える「思考パターン」そのものを、変える必要があります。が、体質を変えるほどの「意識変化」なんて、どうやれば可能なのでしょう。私にも、やり方はわかりませんでした。

実際、「よーし、今から潜在意識を書き換えるぞ」と宣言したところで、そうそうできるものではありません。そんなことで簡単に変えられるものなら、誰でも日常的に、すぐにやっていることでしょう。

ただ、私には、四十年以上かけて見つめ、何度も身をもって試行錯誤してきた自分の体と、「ラピスメゾン」の、のべ二十万人のお客様から得たデータがありました。

そこで、仮説を立ててみたのです。

まず、潜在意識において、最初に決定しているのは、宿命的な「私」の部分。

こういう体質・気質で、こういう家系だ――おばあちゃんがああで、お母さんがそうなんだから、あなたもこうよね――という鋳型《いがた》にはまっている「私」です。

次に「私」を形づくる「過去の記憶」。

潜在意識の中には、どうやらボックスのようなものがあって、鋳型の「私」や「過去の記憶」は、そこに全部入っていると言われています。

つまり、そのあたりを解放できたら、弱い私を変えられるのでは？

では、どうやって？

その答えは、また私の「ぴかりーん」が教えてくれました。

❖セドナへ……！

もう十数年も前のことになります。

私はずっと、潜在意識の書き換えのことを考えていましたが、ある日、ふと「セドナ」という土地のことが気になり始めました。

ときどき訪れる直感の「ぴかりーん」です。

「なんだか、今すぐここに行かないといけない気がする！」

突如、思い立った私は、そこから仕事の合間をぬって、弾丸ツアーでのアメリカ行きを決心するのです。


皆さんは、セドナをご存じでしょうか。

日本でも、世界最強のパワースポットのひとつとして注目を集める、アメリカはアリゾナ州にある都市の名前です。

そこには、ボルテックスと呼ばれる四つの山――カセドラルロック、ボイントン・キャニオン、エアポートメサ、ベルロック――があります。

山自体はどれも大きくはなく、セドナの街からも一時間程度で往復できるような場所にあるのですが、それぞれに、巨大な「エネルギーの渦《うず》」をかかえている山、なのだそうです。

ちなみに、この「エネルギーの渦」とは、「磁気」のことです。

ボルテックスは磁気がとても強い場所で、そこでは方位磁針の針がぐるぐる回ってしまうとか、電子機器がすぐ壊れてしまうとか、四つの山それぞれの周波数が違う、などとも言われています。

中でも有名なのは「カセドラルロック」。ここは女性性の山で、もうひとつの有名な「ボイントン・キャニオン」は男性性の山。ちなみにこちらは、先住民族ネイティブ・アメリカンが、UFOと交信したという逸話が残る神秘の場所です。

セドナの「磁気」に、私は心ひかれました。

このタイミングで、こんなに気になるということは、もしかすると、私の「潜在意識」を変えるのは、ここの周波数（磁気）なのではないか、と思ったのです。

私の中で「潜在意識にあるというボックスの情報を、磁気が書き換えてくれるイメージ」が、唐突にひらめきました。


期待に胸をふくらませた私は、ツアーガイドに連れられて、意気揚々と「カセドラルロック」に向かいました。

ところが、この山のエネルギーが強すぎたのか、私との相性が悪かったのか、登り始めたとたん、体調に異変が起きました。

決して険《けわ》しい山ではないのに、一歩進むたびに息が苦しくなり、胸がしめつけられて、心臓がバクバクしてきたのです。口の中にやたらと唾《つば》が出て、気持ちが悪くてたまらない。なにかが致命的に共鳴しない感じ……。

私のひどい顔色を心配して、ガイドさんが付き添ってくれたのですが、人前で弱いところを見せたくない私は、

「先に行ってください。私もすぐ、このルートで追いかけるから」

そうお願いして、ほかのツアー客を見送りました。

その場にへたりこんでしまったら、もう立てないくらいの体調不良でした。

高山病《こうざん》というわけではないけれど、この山のせいで具合が悪いことは確実なので、下山して、皆の帰りを待っていたほうがいいに決まっているのです。

でも、葛藤がありました。このエネルギーにふれたら強くなるかもと、なにか賭けをするような気持ちで、十八時間もかけてやって来たのです。それこそ、成田からロサンゼルス、そこからアリゾナの州都フェニックスへ飛んで、さらに車で北上することと数時間……。

その長い旅路を思うと、こんなにがんばって目的の場所へ来たのに、ここでダウンするなんていやだ！　と痛切に思いました。

ここであきらめたら、一生後悔する。時間をかけても、絶対に上まで行く。

そんな気持ちで、顔面蒼白《そうはく》のまま、のろのろと頂上に着くと、もうほかのツアーメンバーは下山の準備をしていました。私の到着が遅すぎて、頂上滞在予定時間が、あと十分も残されていなかったのです。

ガイドさんが登頂記念にと、私の姿をたくさん写真におさめてくれました。結果、半死状態でぐったりする私の写真ばかりが、いっぱい手元に残りました。

これだけマズい状態だと、さぞ帰りはつらかろう……と思ったのですが、これがまた不思議なことに、頂上滞在十分後、なぜか私は完全復活していたのです。

普通、下りのほうが足に負担がかかるはずなのですが、復路の私は、往路とはまるで別人のようでした。急に軽い足どりで、私はウサギかしら？　と錯覚するほどぴょんぴょんと、全快した体で下山したのです。

おそらく、どこかで「スイッチング」が起きたのだろうと、今では思います。

セドナで、なにかが抜けたというより、なにかをもらった感じなのです。

うまく言葉にできないのですが、とにかく自分の身に、なんらかの変化が起きた、という実感はありました。

❖磁気と東洋医学

セドナから帰国した私は、にわかに「磁気」にのめりこみます。

関連書籍を読みあさり、そのうち、また「ぴかりーん」が訪れました。

このとき、人づてに紹介していただいたのが、藤木相元《ふじきそうげん》先生です。

とてもキュートなおじいさまで、メディアにもよく登場されていたので、お顔を見たら「あ、知ってる」という方も、多いかもしれません。

藤木先生は、嘉祥《かしょう》流観相学（脳相学）という、顔から情報を読みとる学問の大家《たいか》として有名なのですが、実は別の分野――「磁気」研究の第一人者で、松下幸之助《まつしたこうのすけ》の支援でドイツ留学をして、磁気を研究したという、筋金いりの人物です。

「磁気が、人体になにをおこすのか？」

これを知りたかった私は、藤木先生にさまざまな質問をぶつけました。

磁気の力で肩こりをほぐすテープや、磁気の効果が期待できるアクセサリーなど、私たちの生活の中に「磁気」は浸透しています。でも、具体的になにがいいのかと問われても、当時の私には「磁力が赤血球を動かすから、血流がよくなる」程度の情報しかないのです。

そんなときに藤木先生は、観念的でありながらも、どこかストンと腑《ふ》に落ちる、とても面白いお話をしてくださったのです。

まず、磁気には右回りと左回りがある。時計の針が右回りであるように、時の流れが右回りだ。右回りは「促進」、逆に、左回りは「退行」。

一般的には、右回りがいいとされるが、左回りが悪というわけではない。

送りこむときが右回りで、引きとるときが左回りということだ。

これに私は、感覚的に納得ができました。というのも、東洋医学では、「足りなければ補う、余っていれば瀉《しゃ》する」という概念があるのです。

気が停滞することから「気滞《きたい》」、つまり東洋医学における「ストレス」のことなのですが、怒りやおそれでモヤモヤしていると、体のどこかにブロックがかかり、そのままでは「気」があふれてしまう。だから、左回りで巻き取っていく（瀉する）。これ、磁気の右回り・左回りの論理と、不思議と合致する言葉だと思いませんか。

まったく別のところで得た知識が、偶然めぐりあって、共鳴する。

なんて面白いんでしょう。

こういうことが起きるので、私は「知る」ことに貪欲《どんよく》になってしまうのです。

❖自分をつくり変える

潜在意識と磁気にまつわる私の仮説はともかく、世界のパワースポットと呼ばれるところには、大なり小なり、こういった「人の体と心に影響を与えるエネルギー」が存在しているものなのでしょう。

疲れた現代人が、パワースポットを訪れる理由も「今の自分を変えたい」「力をもらって元気になりたい」——そんな、切実な願いが関係しているのだと思います。

人は「意識」に影響される生き物です。

少なくとも私は、セドナのあのボルテックスで、自分を構成する「なにか」が変化した、と強く意識しました。

そして、その「意識」は、確実に私をバージョンアップさせたと思うのです。

あのカセドラルロックの下山途中で味わった、まるで「生まれ変わった」かのような多幸感を、私はこの先もずっと、忘れられそうにありません。

Method 9

人生をデザインする

❖医療事故

もうそろそろ、これを読んでいる皆さんも「いい加減にしなさい」と思っているころかもしれませんが、またしても、私の腰の話です。

セドナで「生まれ変わった」と思った私ですが、もうひとつ、忘れられない強烈な体験がありました。ただし、こちらは生まれ変わったのではなく、「死にかけた」エピソードです。

俗に「臨死体験」という言葉があります。死にかけた人が味わう、不思議な感覚のことです。

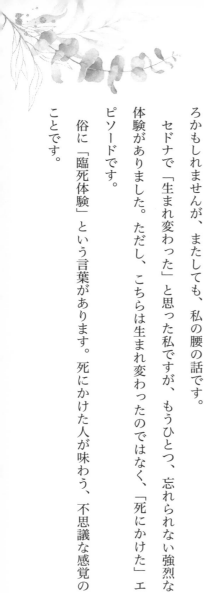

「三途《さんず》の川の向こうで、死んだおばあちゃんが手を振っていた」

「気がついたら、一面の花畑に立っていた」

などという、アレです。

残念ながら、私の場合は、そんな綺麗な景色が見えたわけではないのですが、体に苦痛の多い人生の中でも、屈指の体験となってしまいました。


あるとき、以前から患《わずら》っていた椎間板《ついかんばん》ヘルニアが、なぜか二カ所に増えてしまうという、前代未聞の緊急事態が発生しました。

もう耐えられないほどの痛みで、どうしようかと途方にくれている私に、信頼するお医者様が、大学病院への紹介状を書いてくださいました。そこで、当時としては最新の手法だった麻酔治療「硬膜外《こうまくがい》ブロック」を受けるため、私は某大学のペインクリニックを訪れたのです。

硬膜外ブロックは、背骨の部分に局所麻酔を入れて、痛みを脳に伝達させないようにする治療です。具体的には、脊髄をくるんで守っている硬膜の外側、硬膜外腔というわずかなスペースに、麻酔を注入するのです。

ところが、ここで液もれが起きてしまったのです。

そのときは、一瞬、なにが起きたのかわかりませんでした。腰から足先まで、急にすごい音をさせて、爆竹がバチバチバチ！　とはぜた感覚がありました。

次に、猛烈な痛みがきました。いえ、正確には痛いというよりも「熱い」。まるで熱した油に水をふりいれて、大量の油はねが起きた感じなのです。

さすがの私も「これはまずい」と思いました。そして、すぐに「きっと液もれが起きている」と察しました。

処置をされたお医者様も、事故には気づいていたようでしたが、何もできませんでした。体内に入れ、さらに硬膜外からもれてしまった麻酔を、今さら吸いとって回収するわけにもいきません。

今だったら、確実に訴訟できるレベルの医療事故です。

ただ、そのときの私はなすすべもなく、二時間ほど横になったまま過ごし、症状が落ち着いたところで、タクシーで帰宅しました。

すると、翌日は特になんの問題もなく過ごせたのです。ところが……。

翌々日、いきなり頭が重くなりました。重くて重くて立っていられず、私は壁に頭を打ちつけたまま、ずるずると床に崩れました。

床に倒れてしまっても、起きあがることができません。頭が巨大なボウリングの玉になってしまったかのような、首が支えられないほどの重みなのです。

もちろん、現実に頭の重量が急変したわけではありませんから、これは脳になにかが起きているんだ、ということはわかりました。原因は、二日前の液もれ事故以外、考えられません。

もはや私の体の問題は、腰から脳に移ってしまったのです。

すぐに救急車で運ばれて、検査と治療を受けました。CTでもひっかかり、経過がよくないことは明白でしたが、どうにもなりません。

硬膜外ブロックを行ったペインクリニックに、この惨状を訴え「薬が脳に回ったのだ」と主張しましたが、まったく相手にしてくれません。

先方は「脳関門があるから、仮に事故でも、薬が脳まで届くことはない」と言うのですが、そもそも、脳脊髄液の循環をつかさどるのが硬膜なのです。脳関門にそれをせき止める機能はありません。

幾重にも理不尽な思いをしつつ、その後の数年間を、私はひどい不定愁訴とともに生きることになってしまいました。

事故の経験から、私の中で新たな信念が生まれました。

「相手の気持ちに寄り添えない治療は毒だ」

「相手の求める答えを、相手が納得するまで、必ず伴走して見つけだす」

自分の体に起きていることを、自分の体に手を加えた相手が、なんの説明もしてくれないという「恐怖」。――私以外の人に、こんな思いをさせてはいけない。

それから、ずっと考えています。

なぜ人は「病む」のか。どうしたら病をこえて、「理想の自分」に近づけるのか。

私は医師ではありませんが、病気の怖さを知り、健康の尊さを知っています。

症状に苦しむたくさんの女性の声を、現場で聞きとってきました。

健康は最大の防御で、自己肯定感を高める最強の武器です。
昔も今も、「病気にかかる前に防ぎたい」——その思いが強いのです。

❖可視化にこだわる

さて、お客様に「自分の体に起きていること」を理解していただくため、私は「わかりやすい説明」と「状況を目に見える形にする」ことにこだわってきました。

見えないものを、いかに可視化するか。どうすれば人に伝わりやすいか。

これを実現するため、まず私は「オーラビジョン」を導入してみました。感情や精神の状態が、オーラの色で見えるという機器で、セドナなどでは、いまも人気のある取り組みと聞いています。テレビ番組『オーラの泉』が人気で、オーラリーディングがとても流行していたころのことです。

次の可視化プロジェクトとして、「経絡」を計測する取り組みを行いました。

これは、簡単に言えば「気」のめぐりの数値化です。自律神経の働きをグラフにするもので、「ラピスメゾン」のお客様にも、サンプリングにご協力いただきました。

次に、世間的に「ボディ・マインド・スピリット」が主流になる時代がきました。

肉体と心と精神の、三位一体のバランスがどうなっているか、パーセンテージで表記し、それがどう健康状態と相関するのかを調べるのです。バランスが崩れると、体が先に強制終了しがち……など、私にも身に覚えのある事象があらわれて、なるほどと思う部分がありました。

また「ラピスメゾン」では、NES《ネス》（BWS）というシステムも導入しています。

これはお客様の体の状態を、私がお客様とともに、生体エネルギー的見地から見ることができるというものです。可視化されるまでの測定時間が短いので、希望があれば、施術前のカウンセリングに用いることもあります。

私がお客様にお渡しするものに、目に見えない部分が多くあるからこそ、「形にする」「見せる」ということに、特にこだわってしまいます。これは私が、かつてデザイナー志望だったことも、すこし関係しているかもしれません。

時代に応じて、またそのときどきの必要に応じて、これからも情報を更新しながら、可視化への取り組みはつづけていきたいと思います。

❖あなたが「どうなりたいのか」

病気もけがも、しないほうがいいに決まっています。

でもときどき、これは天の配剤かな、と感じることはあります。

「腰の不調で挫折して、服飾デザインをあきらめたのは、ここでお客様の人生デザインのお手伝いをするためだったのでは？」

最近は特に、こう思うようになりました。

もちろん、人生はお客様のもので、デザインを決めるのは私ではありません。

「あなたがなりたい自分は、なんですか？」

そんなふうに希望のデザインを聞きとって、お客様自身が望む「理想の姿」に近づけるために、多角的なアプローチを提案するのです。そのために、私の白衣の内ポケットには、虎の巻をいくつも仕込んでありますし、裏メニューもあるのですから。

——ホリスティック・ヒューマン・ヘルス・デザイン

健康をまるごとデザインする。私の仕事は、これなのかもしれません。

いっぱい倒れて傷だらけで、そもそも私が完全な健康体とは言えないけれど……いえ、言えないからこそ、この仕事に全力をそそぐことができる、と思っています。

「自分が痛くて具合が悪いくせに、人を治せるわけがないでしょう」

そう批判する人もいたけれど、施術をしているときの私は「ゾーンに入っている」ので、自分の不調がすべて消えるのです。

言葉を選ばずに言うなら、仕事が麻薬みたいなもので、施術に打ちこんでいるときは、どこも痛くはないんですね。

筋肉を酷使して腰が砕けそうでも、ちっとも痛みを感じないですし、手指は自由に動くので、自分の体とは意識を切り離して作業ができるのです。

まったく自覚はなかったのですが、これこそが、私がずっと望んでいた「潜在意識の書き換え」状態だったのかもしれません。

《からだ》を、ととのえる。

Nature de Esthé

Method 10

コンプレックスとは闘わない

❖誰にでも「欠点」はある

周りからの評価が高くても、たくさんの人から憧れのまなざしを向けられても、本人は自分の「いやなところ」に悩んでいたりするものです。

よほどの自信過剰でない限り、自分のことを「完全無欠だ」「このままでパーフェクトだ」などと思う人は、めったにいません。

顔の造作、体型、能力、生い立ちや職業に至るまで、他人とくらべて劣っていると本人が感じてしまえば、それはすぐにコンプレックスになります。

誰にでも、ひとつやふたつ欠点はあるものですから、本当は「他人と自分を比較しない」というのが、心穏やかに過ごすための近道なのです。でも、人と人とがさまざまな形でつながる現代社会で、この姿勢を貫くには、かなりの精神力が必要となりそうです。

そもそも、他人を気にせず我が道をゆく人は、最初からコンプレックスとは縁がないようにも思えますよね。

❖「改善」を試みたはずなのに……

服飾の専門学校時代、腰痛が悪化して進退窮まった私も、人生最悪にして最大の欠点――「腰の不調」を、なんとかしたくて必死でした。

正確に言えば、腰を含む全身の不調をとりのぞきたかったので、専門家の施術を受けてみようと考えたのです。そこで私が向かったのは、（のちに入社したところとは別の）大手エステティックサロンでした。

当時はまだ十代、それまで大事に貯めていたお年玉をかき集め、初めてのエステ通いに緊張している私に、カウンセラーの女性はとても親切だったのです。

「弱い体質を改善したいんです。特に腰をなんとかしたくて……」

そう必死に訴えると、

「ようこそ当店へ、大丈夫ですよ」

とにっこり応じてくれるのです。それですっかり安心した私は、このお店に通い始めたのですが……。

結論から言えば、私は初めてのエステに挫折してしまったのです。

当時のエステティックサロンのメインメニューは、美容痩身でした。

つまり、根本的な体質改善を希望する私は、そもそもお店の選択を間違えていたのですが、そのときは流れるような接客にうっとりして、

「そうか、ここに来れば、元気になれるんだ」

「体にいいことをしてくれるのだから、きっとなにかが『改善』されるはずだ」

と信じて疑わなかったのです。

ところが、カウンセラーの女性に促されるまま、酵素ドリンクを飲み干して、小型のサウナに入ったとたん、私は脳貧血を起こし、ベッドに運ばれてしまいました。

そして、起きあがれるようになるまで、しばらく休ませてもらっているうちに、初回は終了してしまったのです。

体が弱すぎて、エステの施術もまともに受けられない——これは、なかなかの衝撃でした。

お店の人にも迷惑をかけてしまったので、私はすっかり落ちこみました。

あとで気づいたことですが、当時の現場において「体質改善」を促す方法と考えられていたのは、おそらく「大量に汗をかく」ことだったのです。いわゆる「デトックス」ですね。

でもそれは、私が求めていたものとは、まったく関係がなかったのです。

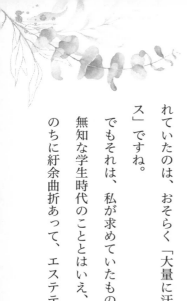

無知な学生時代のこととはいえ、この経験は私の中に苦い記憶として残りました。

のちに紆余曲折あって、エステティックサロンへの転職をすすめられたとき、この記憶がよみがえったのも事実です。

私がエステティック業界に飛び込んだいくつかの理由のひとつに、このときのリベンジとでもいうのでしょうか、

「なにがいけなかったのか、自分の目で真相をたしかめてこよう」

純粋な興味として、そういう気持ちがあったことは否めません。

❖コンプレックスを刺激するビジネス

三年間のエステティックサロン勤務で、身にしみてわかったことがありました。

それは、この仕事が「コンプレックス・ビジネス」であったということです。

これは決して、美容業界に限った話ではないのでしょう。

人がさまざまな「欠点」をかかえ、コンプレックスにさいなまれる生き物である以上、そして、その悩みの解消のためなら大きなお金を出してもかまわない、と思う人が一定数いる以上、そこを狙った商売は成り立ってしまうのです。

カウンセリング教育で、カウンセラー希望のスタッフが最初に学ぶのは、お客様を囲いこむ方法です。女性に共通する悩みを丁寧に聞き、相づちを打ち、そのコンプレックスをほどよくあおり、すかさず「大丈夫よ、任せて」と伝える。

お客様との信頼関係を築くのは大切なことですが、マニュアル化されたその手法を知ってしまうと、私の中でむくむくと「お客様視点」の不信感が湧きあがりました。

「これは、マッチポンプ方式というものでは？」

「そういうカウンセリングをする人に、悩みを解決する力が本当にあるのだろうか」

結果を出して、お客様に満足いただけるなら、仕事としては、なんの問題もないのかもしれません。

フェイシャル、ボディ、ネイル、アート脱毛……社内基準で筆記や実技をクリアした女性たちが、次々と施術者として現場に出ていくのです。たくさんのスタッフを擁する会社において、マニュアル化は必須なのでしょう。

技術と知識を得たかった私も、この流れに乗って学び、昇進してカウンセラーにもなりました。

でも、やっぱりこれは、私が求めていたものとは違っていたのです。

❖闘わずに「受容」する

コンプレックスの解消に、過激な方法は必要ない——と、私は思っています。

もちろん、現実に向きあうことは必要でしょう。「自分」をすみずみまでスキャンして、今の状況をよく知ることが、問題の解決につながるからです。

でも、それはコンプレックスと闘うためではなく、受け入れるための手順です。

こういう経験はありませんか？

やらなければいけない課題があって、それが片づけば心が晴れやかになるとわかっているのに、どうしても苦手で処理することができない。

横目でチラチラと見ているうちは、課題は終わらないどころか、作業が始まりもしていない。そして、手つかずのまま時間がたつにつれ、それは最初のイメージよりも、ずっと巨大で厄介なものになってしまうのです。


コンプレックスは、この手つかずの課題と似ています。

直視しないままぶつかっていくと、跳ね返されてダメージを負う。

放置すると、目の上のたんこぶのように居座られて、鬱々とした気分になる。

でも、腹をくくって向きあうと、切り崩す手がかりが見えてきます。そこからゆっくり解きほぐしていけば、それが本当は、巨大でも厄介でもなかったことに気づくのです。


受け入れて、触れて、ほぐしていく。

ゆがんだところを、元のかたちへ戻していく。

そのゆがみが大きいほど、反復する時間が必要ですが、アプローチが間違ってさえいなければ、必ず「改善」されていくものです。

Method 11

体を整える技術——「整体」の奥深さ

❖「健康」を探す長い旅

私の人生は「体の不調」とともにありました。

この仕事に打ちこんだのも、まず自分が楽になりたかったからです。

「苦しさを取りのぞくには、なにが必要なのか」

「どうすれば、今よりも丈夫な体になれるのか」

それを探す旅を、ずっとつづけていたように思います。

自分の体が弱かったからこそ、人一倍「健康」への執着があり、「健康美」への憧れが強かった。それは、これまでもお話ししたとおりです。

服飾専門学校からコンサルタント会社を経て、エステティックサロンに勤務し、その後、独立創業してからも、何度も救急搬送されることがありました。

つねに悪いのは腰なのですが、ひどくなりすぎると腹痛で倒れてしまうのです。

最もひどい症状が出たのは、「ラピスメゾン」を開業して七年目のときでした。

仕事を終えて帰宅し、夜ベッドに入ったとたん、腹痛で動けなくなり、そこから呼吸困難に陥ってしまったのです。救急車で運ばれ、そこから半月ほど入院することになるのですが、病院でどれほど検査をしても、明確な原因がわからないのです。

搬送されるたびに、血液検査では炎症反応が出ていて、白血球の数値はいつも一万超え。それも薬でおさえてしまえるのですが、根本的な治療ができているわけではないので、「腰砕け」からの腹痛には、何度も苦しむことになります。

ちなみに、レントゲンではわからず、ＭＲＩ検査をしてもらったときは、そこで椎間板ヘルニアを指摘され、状況から手術の適用範囲とも言われました。

でも私は、その手術を受け入れることができませんでした。

そう、なぜか――なんの根拠もないのですが、ほんとうになぜか「手術をすると歩けなくなる」「いずれ仕事ができなくなる」という、切迫した予感がありました。

またそれとは別に、このころ「苦痛を取りのぞく（外科的手段以外の）方法」を探す「旅」の途中だったこともありました。

私は、自分のやり方をもうすこしだけ信じて、突きつめてみたかったのです。

❖新しい出会い

開業当時の私は、会社員時代よりも貪欲になりました。

経営者としての責任は伴いますし、変わらず忙しい日々ではありましたが、なにをするのも自由で「自分のやりたいこと」に邁進できるという環境は、私にすさまじい力を与えてくれました。

興味のあるものにはすぐに突撃していって、そこで吸収できるものは、残らず自分の糧にしたい。その結果、たくさんの資格を取得していくことになるのですが……。

そんな中で、また大きな出会いがありました。

仕事をしながら東洋医学の学校（東京療術学院）で学んでいたとき、同期にひとり、なにやら人生経験豊富そうな高齢男性がいました。

私は当初、彼のもつ雰囲気から「お医者様が、副専攻として東洋医学を修めにきたのではないか」と思っていたのですが、実はそうではありませんでした。

彼は、気功整体師だったのです。

軍医だったというご親戚が患者を治療する様子を、そばについて目で見て覚え、独学で整体の技術を極めた方で、これまでの自分のやり方は正しかったのか、答え合わせのために、東洋医学を学び直しにきたというのです。

この方と会ってお話をしたとき、頭の中をまるで電流が走るように、ビビッと感じるものがありました。

私はすぐに「弟子入りさせてください」とお願いしましたが、「ここを卒業するまでは、あなたを惑わせるだけだから、教えることはできませんよ」と、やんわり断られてしまいました。そういうところも分別のある、とても素敵なおじいさまで、私はますます彼のもとで学びたくなってしまったのです。

❖神の手技

卒業と同時に、ふたたび頼みこんで、ようやく私は、彼の営む治療院に週一で通う約束を取りつけました。

私のお店の定休日が月曜日でしたので、毎週この日は朝から晩まで、埼玉の治療院でお手伝いをしつつ、おじいさま――「師匠」の技術を間近で見ることになります。

これは本当に、貴重な経験でした。

彼は、患者さんのあつい信頼を得ている整体師で、良心的な価格設定どころか、お金のない人からは治療費すらいただかなくても平気でいるような、とても人のいい、どこか浮世ばなれした人物でした。一部では「赤ひげ」先生などと呼ばれてもいたようで、治療院も地元によく根づき、口コミで訪れる人も多く、コミュニティの「駆け込み寺」的存在に見えました。

なにより、その整体技術は神がかっていました。人体の構造をよく知っていて、的確な施術を行うので、効果が抜群なのです。

整体、手技というものは、極めればここまでの威力を発揮するのか……と、目から何枚も鱗が落ちる思いでした。

それまでの私の手技は、いわゆる「エステ的」なアプローチでした。認定をうけ、技を極めたとはいえ、それはあくまでも「当時のエステティックサロンにおける最上級」でしかありません。

しかし、師匠の手技は、別次元のものでした。

たとえるなら「ＩＣＵ（集中治療室）的」とでもいうのでしょうか。定期的に通院されている、比較的症状の軽い方々への、きめこまやかなメンテナンスはもちろんのこと、病院でさじを投げられた患者さんが、藁にもすがる思いで来院されると、彼は手技ひとつで文字どおり、それはみごとに「体を整え」てしまうのです。

たとえば、脳梗塞をおこした地元病院の老先生が、どういういきさつでか、師匠の手技を受けたことがありました。すると、聴診器がもてないほど麻痺が残っていた手が動くようになり、ふたたび診療の場に立てるまでに回復したのです。

このときの老先生は、西洋医学の専門家であり、もともと東洋医学には懐疑的な考えをお持ちの方でした。でも、手の麻痺がなくなるという、奇跡のような体験をしてからは、すっかり考えが変わって、「現代医療に東洋医学のエッセンスを取り入れるべきだ」と、主張されるようになったそうです。

「奇跡」という言葉は、安易に使えば、とたんに妙なうさんくささが漂います。

それでも、確かな技術やセンス、熟練の勘のようなもの、そこへ偶然や適性がうまく重なって、かなりの高確率で「奇跡」が起きることはあるのです。

これればかりは、マニュアル化したどんな集合知をもってしても、たったひとりの神がかった技術には勝てないのかもしれません。

でも……「本当にある」。

実際にこの目で見て、私は確信しましたし、

——それなら、自分が「奇跡」の技術を手にする可能性も、〇《ゼロ》%ではないのでは？

そんなふうにも、思ってしまったのです。

より美しくなるための「エステ的」アプローチとともに、健康な体を取り戻すための「ICU的」施術ができる場所。

なにをやっても無駄だとあきらめてしまった人ですら、ときに救うことができる。

困難をかかえた人の、心と体のよりどころとなる、その場所。

それこそが、私が目指したいと思った理想の「場」の姿でした。

Method 12

「健康」でなければ「美しさ」は保てない

❖自分の体の声を聞く

――体の構造をよく理解し、手技を通じて内なる声を聞く。

これは整体技術の基本ですから、私たち施術者には、やれて当然のことです。

でも、そこまでの専門知識はなくても、日常生活の中で、自分ひとりでできることもたくさんあるのです。

まずは朝起きて、自分の姿を鏡で観察するだけで、わかることがあります。

顔はむくんでいないか、左右の肩の位置がずれてはいないか。

姿見で全身を映してみて、ぴったりそろえた足の、すき間のでき具合はどうか。腰の位置は左右でずれてはいないか。

次に、皮膚に触れ、手足をもんでみて、また、軽いストレッチをしてみて、大きく息を吸って吐いて、痛みや違和感をおぼえるところはないか……。

そんなふうに、こまめに自分の体の声を聞いていると、体の感覚が研ぎ澄まされていくのがわかります。そして、いざ「いつもと違う感じ」が発生したとき、どこがおかしいのか、第三者に伝えるのに、言語化しやすくもなります。

もちろん、故障の箇所がはっきりしているけがや、病巣があきらかな痛みについては、かかりつけのお医者様や、専門医に相談していただくのが大前提です。

しかし、それ以外の体の不調は、原因が複合的であることが多く、内科的・外科的なアプローチだけで、必ずしもその不調を取り除けるわけではありません。

そして、厄介なことに、体の不調がそこに出ていても、同じ場所に原因があるとは限りません。

東洋療法を取り入れた「ラピスメゾン」の体質改善プログラムでは、まず、どこの機能が低下していて、その理由はなにか、根本的な原因を探ります。

全身をスキャンし、どこに負荷がかかっているのかを見極める。それから、骨格のゆがみを正し、硬くなった筋肉をほぐし、血流をよくする。

そうやって、私はお客様の体の声を聞きますが、それらはすべて「自然治癒力」をあげるために行っていることです。

❖体はウソをつかない

病気になったら、大けがをしたら、まず治療をうけて、処方してもらった薬を飲んで、時間をかけて治していきますよね。

これは一見「薬が治している」ようですが、実際に体を治すのは、各個人がもっている「自然治癒力」です。薬は症状を軽減させ、低下した「自然治癒力」の回復を助けているにすぎません。

施術の目的も同じで、この「自然治癒力」を最大限に引きだすために、ゆがんだ体を自然の形へ整えてゆくのです。


実は、頭（脳）は、主《あるじ》を守るためならウソをつきます。

痛みの場所を誤解させたり、つらい記憶を消したりもします。

でも、体はウソがつけません。

疲れれば機能が低下するし、不調があれば筋肉が緊張します。内臓が悪ければ体の端々《はしばし》に症状が出やすく、苦痛がひどければ動けなくなります。


どうすれば負担が軽くなるのか、どこまでなら無理がきくのか。

自分の体の声をよく聞いて、その本音を探って（限界を知って）ください。

もちろん、無理は禁物ですよ。

❖「キレイ」の前に……

街ゆく女性が、スマホを覗きこんでひどい猫背になっていたり、カフェの椅子にだらしなく座る姿を見かけると、

「どんなに姿形が整っていても、姿勢が悪いと綺麗には見えないな。せっかく健康な体を持っているのに、もったいない」

そんなことを思ってしまいます。

これは姿勢に限ったことではなく、長年の生活習慣などで骨格がゆがんでくると、そのゆがみが筋肉や外見にも強く影響します。すると、本来その人が持っているはずの「美しさ」を、半減させてしまうのです。

美しさの基準は、時代や国によって変わります。

でも、健康は自分の中に根ざすものです。

スキンケアは大事です。肌質が整うと、自然と気持ちがあがりますよね。

メイクの技術は女性を輝かせますし、自分に似合うファッションを知る人は、自信を身にまとうことができるでしょう。

でも……その前に「健康」なんです。

体と心の健康は、すべての土台となるもの。土台がガタガタでは、その上にどんなに素敵なお城を建てても、いずれ無残に崩れてしまいます。

もし、あなたが大人の女性なら、その場しのぎではない「美しさ」を追究してください。健康を伴うそれは、長い時間をかけて、歴然と差のつく「美しさ」に変わっていきます。


人体にピークはあります。人生百年時代に突入し、ピークを越えてからの人生が、昔よりもずっと長くなってきました。

特に女性の体はとても繊細で、「自然」の影響を——そう、やや大げさに表現するなら「地球」の影響を、ダイレクトに受けます。

月の満ち欠けが、潮の満ち引きを左右するように、その大半が水で構成されている人体も、気象に左右されやすいことは、皆さんもよく知っているでしょう。

体調不良がつづけば、つられて心もしおれてしまいます。くたびれた体と心のままで鬱々と過ごすには、人生は長すぎるのです。

すこやかに、うつくしく。ゆるやかに、老いを重ねていくこと。

今後ますます「健康美」は、多くの女性の人生を明るいものにしていくでしょう。

《こころ》の、みなもと。

Nature de Esthé

Method 13

「自分のかたち」は、人間関係の中でつくられる

❖家族との記憶

最後に少しだけ、家族のことをお話ししようと思います。

私には、仲のよい両親、そして三つ年下の妹がいます。

実家は毛皮の製造を家業としており、工場を営んでいました。

服飾の現場に商品を卸《おろ》すことが多かったので、私は幼いころからデザイン画や工業用ミシン、お針子さんたちに囲まれて育ちました。

ですから、自分も大人になったらデザインの仕事をするのだろう、と当然のように

思っていましたし、ファッション業界への憧れが人一倍強かったのです。

私が三歳のとき、妹が生まれました。

このときのことを、私はよく覚えています。

というのも、妹には生まれつき難しい病気があり、すぐに全身の血を入れ替えるほどの大変な治療を行わなければいけませんでした。

集中治療室に入れられた妹が、先に退院していた母のもとへようやく戻ったときには、すでに誕生から二カ月が経過していました。

その後もおよそ七年——妹が七歳、私が十歳になるまで、妹の体調は安定しませんでした。日常生活は送れていましたが、免疫系がとても弱かったので、なにかの拍子にガクッと具合が悪くなると、それが命とりになるとも言われていました。

両親は妹を連れて大学病院に通い、体にいいときけば、鍼や指圧なども取り入れていました。東洋医学の先生が自宅に来ることもありました。

家庭内に病人がいる、という状態が、幼い私の日常だったのです。

❖私の死生観

生まれると同時に、そのまま消えてしまうかもしれなかった、ちいさな命。

それが、なんとか命をつないで、大きく育っていくという奇跡。

「生きているなら、もうそれだけでいい」

家族内の認識はそれに尽き、病弱な妹の存在は、私の死生観を決定づけました。

つまり――

「生死に関わること以外、たいした問題ではない」

「命さえあれば、なんとでもなる」

そんな考え方が、心の根底にあるのです。

ときどき、「田畑さんは、妙なところで思いきりがいいよね」と驚かれることがあります。

「まあ、死んではいないから、とりあえずＯＫかな」

ざっくりとそんな感覚でいるので、私を見た周囲の人々のほうが、かえってギョッとするのかもしれません。

「大丈夫？　普通はこんなことが起きたら、絶望して立ち直れないよ」

「なんでそんなにポジティブに、考えを切り替えられるの？」

ひどい災難に見舞われたときでも、当事者の私がどこかひょうひょうとしているせいか、そんなふうに心配してくれる人もいます。

私も普通の人間ですので、なにかあれば人並みにダメージを受けてはいるんです。ただ、前述の死生観に基づいて行動しているので、判断するポイントが極端なのかもしれませんね。

おそらくそれは、「スタート地点をマイナスに振りきったところに設定しているので、ほかの人がマイナスだと思うことも、私にはまだプラスに見えている」という、危なっかしい状態なのでしょう。

それは、正しい意味でのポジティブシンキングではありませんが、その感覚で生きていたからこそ、乗り越えられた局面もありました。

スタート地点が健康ではなかったから、今、これほどまでに健康美を追究できているのだとも思っています。

❖腰痛だけではなかった……

妹のことを考えていたら、つられて自分の幼少のころも、だんだんと思い出してきました。

さきに、十五歳で決定的な体の不調を自覚した……と回想しましたが、私の人生はもっと前から、かなりデコボコしていたようです。

記憶にある限りでも、まず四歳のころ、転んで右肘を骨折したことがありました。次に六歳で交通事故に遭い、右足を骨折し、ついでに左腰を抉《えぐ》ってしまいました。

思えばこの左腰の負傷も、のちの腰痛に影響しているのかもしれません。

また右肘にいたっては、けがが治ったあとも変形したままになってしまい、今でも左右の腕の形が違うのです。

この右腕問題は長く尾をひいてしまい、高校でテニス部に入ろうとしても、ラケットがうまく握れなかったり、右腕の向きがずれているために、ギターを弾くことができなかったりと、私の青春時代に思わぬ影を落としました。

これは施術にもかかわってくることだったので、変形による骨や神経への負荷を和らげるため、のちに私は（特に右の）腕を、とことん鍛えることになります。

私の手技を経験された方はよく「腕の筋肉がすごいね」と驚かれますが、それは変形部分を筋肉でガードした結果なんですよ。

❖幼い姉妹の転換期

今では四人の子どもに恵まれ、元気に暮らしている妹ですが、彼女の容態が目に見えて落ち着いてきたのは、ちょうど妹が七歳になったころでした。

七五三の例をとるまでもなく、古来「七歳までは神のうち」などと言い、童謡にも

「この子の七つのお祝いに」と歌われるように、七歳までの子どもの生存率は、近代以前の日本では決して高くはなかったという歴史的な事実があるようです。

ただ、それだけでなく「七」という数字は、特別なものに思えてなりません。

たとえば、「チャクラ」（「気」を体内に循環させるためのパワーゾーン）が完成するのも七歳とされていますので、子どもの体がしっかりと地に根を張るのは、この年齢なのかもしれませんね。

一方、私はといえば、妹が生まれた三歳のころから十歳になるまでずっと、ひどく引っこみ思案な子どもでした。

保育園や幼稚園、小学校に入っても、先生からの評価は総じて「内向的」。思ったことを口にできず、自分のほしいおもちゃには手が出せない。ほかの子のように、ほしいものを泣いてねだったりもしない。でもお友だちがほしがるものなら、なぜか代わりに取りにいける。そういう子どもだったようです。

それが、十歳を過ぎたあたりから急に積極性がでて、学級委員になるなどリーダーシップもとれるようになり、人が変わったように外向的になったのです。

この「十歳までは内向的だった」という話は、実は最近になって母から聞いたことで、私自身はずっと「積極的な自分」「言いたいことはハッキリ口に出す自分」の記憶しかありませんでした。

七歳と十歳。妹の体が落ち着いたところで、姉の私も無意識のうちに変化した。

そう考えると姉妹って不思議だな……と、しみじみ感じるのです。

❖母と娘と

私が、幼いころの「内向的な自分」を忘れていたのは、一種の防衛本能だったのかもしれません。

「ラピスメゾン」のお客様と話していても、子ども時代のことを忘れている方は、意外と多いのです。

忘却は本能です。取るに足りない記憶だったから、必要なしと脳が判断して削除したのかもしれませんし、本人にとって害になる記憶だから、あえて脳が消去したり深層に沈めたりしたのかもしれません。

でも「ずっと忘れていたのに、最近になって急に思い出した」という場合、それはたいてい、つらい記憶だったりするものです。

当店は女性専用のサロンですので、娘の立場から、お母様との軋轢を語るお客様も多くいらっしゃいます。

「昔から、母の言葉に傷つけられ、コンプレックスを刺激されて萎縮してきた」

「今さら母を変えることはできないし、本人に悪気がないのもわかっているが、怒りがおさまらない」

社会的に地位があり、ご家庭でもきちんと生活していらして、責任のある仕事をしている方であっても、ふと開いた記憶の扉に苦しむことはあります。

また、ほかのなにを忘れても、母から何度も言われた言葉だけは、骨にしみこんでいるかのように覚えている、という人も多い。

多くの娘にとって、幼いころから一番近くにいる相手が母親である確率は高く、そのぶん、母が娘にかけた言葉は、体の奥までしみこみやすいのです。

かく言う私も、思い返してみれば「母の言葉に影響を受けた娘」でした。

「あなたは不器用だから」

これが、母からの無意識の呪縛でした。

大人になり、仲間も増えて、自分を客観視できるようになっても、

「私、不器用だから」

と口にしてしまい、そのたびに友人たちから、

「なに言ってるの、そんなことないよ!」

と叱られて、ほんのすこしだけホッとしたり。

それでも、心の中で「不器用だからだめ」「不器用だからうまくいかない」「私はだめな子」と膝をかかえて泣いている、小さな女の子の自分がいるのです。

意識的にメンタルの鍛錬をしているはずの私でさえ、実の親からかけられた呪縛を前にしてはこんな感じですから、世間一般の母娘関係が、どれくらいこじれやすいか

は容易に想像がつきます。

❖関係を読み解けば「自分」が変わる

以前、母を「ラピスメゾン」に招いて、カウンセリングをしたことがありました。娘の距離感で聞くと口げんかになりそうな母の愚痴も、仕事モードではなんの苦にもなりません。

母の体をスキャンし、ボディーフィールドの分析を進めると、ずっと「手に負えないおこりんぼう」だと思っていた母の「怒り」の正体は、実は「深い悲しみ」であることがわかりました。

――悲しくて悲しくて、その先に怒りがある。

それは私にとって、目から鱗が落ちるような、予想外の発見でした。

最初は、母のきつい性格を変えたくて、カウンセリングをしたのです。

ところが、このとき変わったのは、私の心のほうでした。

母が最期を迎えるすこし前、「あれが食べたい」「これが食べたい」と、無邪気なわがままをいくつか言われました。

私は「しょうがないなあ」とぼやきながらも、なんだか無性に母がかわいらしくて、とても穏やかな気持ちで要望を叶えたのです。

そのときにはもう、母に対するわだかまりは、私の中で消えていました。

母は最期まで、私の人生に大きな影響を与えた女性でした。

Method 14

余すことなく「自分」を生きる

❖余すことなく「命」を使う

さきに、私の死生観をお話ししましたが、私にとって、つねに「死」は身近なものでした。

自分を含めた家族や親族に、世間の平均値よりも「弱い」部分があったり、体や心にダメージを抱える人が複数いたりしたことで、「死」や、その前提としての「命」を深く見つめる習慣ができました。

複数回の瀕死の体験を通じて、「人は、いつ死ぬかわからない」「案外、すぐには死なない」という両極端な感覚が芽生え、奇跡的に生きている自分の「命」の有効活用を考えるようになりました。

今思えば、私が仕事でやりたかったのは、「余すことなく命を使う」こと、だったのかもしれません。

ここからは、すこし観念的なお話になりますが……。

一個人の「命」を質量に置き換えると、それは限られたものでしかありません。

ただ、私の考える「命」は、他者と互いに影響しあう（これを私は「換査《かんさ》」と言っています）ことで「増幅する」もの。広げていくことができるものです。

たとえば、私が全力で換査し、お客様にプラスの影響を与えたとします。そうやって施術をつづけ、結果、多くの女性の不調を取りのぞくことができたなら、それは、私の命を余すことなく使えた証《あかし》なのです。

自分という存在を、無駄なく活用したい。

悔いなく生きるために、余すことなく「自分」を使いきりたい。

私の、仕事への原動力は、たぶんそこにあるのです。

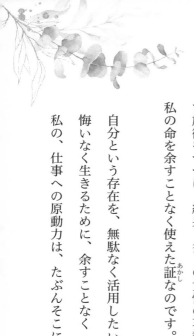

❖誰かのための「ゼロ磁場」に

私は、これまでの経験から「場の力」というものを信じています。

たとえば、無意識にマイナスの「気」を感じとった人が、こんなふうに言うことがあります。

「あの人が来たら、場の空気が壊れた」

「あの場所に行くのは苦手だ。よくないものを感じる」

逆に、有名なパワースポットを訪れた人が、

「よくわからないけれど、ここに来ると調子がよくなる」

「すがすがしい気持ちになりたくて、また来てしまった」

そんなふうに「場」を表現することもあります。

一般に、地球のもつプラスとマイナスのエネルギーが、互いに拮抗《きっこう》して打ち消しあ

い、磁力が存在しない状態になる……と考えられる場所を「ゼロ磁場」と呼びます。

ゼロ磁場は、強大なエネルギーを保持した「場」とされ、そこにいるだけで、いい影響を受けるとも言われています。


「あそこに行けば、なんとかなる」


たったひとつでも、そんなふうに思える場所があれば、心を穏やかに保つことができますよね。

だから、お客様にとっての「ゼロ磁場」になりたい。

お客様の「心のおまもり」になるような、「ラピスメゾン」でありたい。

私はいつも、そう願っています。

おわりに

友人に言わせると、私は「健康オタク」なのだそうです。

また別の友人は「いち早くバージョンアップを始めるのは、たいていがその分野の猛烈なオタクだ。そういう意味であなたは、開拓者かもしれない」と、褒めているのか貶《けな》しているのかよくわからないコメントをくれました。

自分のために学んできたことを、お客様におすそわけしたら喜ばれました。

その笑顔が見たくて、技に磨きをかけてきました。

一時は、自らのメソッドを広めたくて、求められるままに雑誌の取材やテレビなどの出演依頼を受けていました。

ラピスの整体を求めてくださるお客様に、すこしでも多くの施術機会をつくりたくて、周囲の手を借り、店舗をふやしたこともありました。

そこでつながったご縁があり、忙中に意味深い気づきもあり、私の人生にはすべて必要な道程でした。

苦い記憶も、楽しい思い出も、今は私の中に静かに降り積もっています。

さまざまなトライ&エラーをくり返して、私はここにいます。

銀座「ラピスメゾン」は、私の大切なお城であり、ゲストを迎えるハウスであり、最後の砦でもあります。

ここで、自分の手がリアルに届く範囲で、お客様ひとりひとりのお顔を思い浮かべながら、これまでの三十三年、大好きな仕事をつづけることができました。

そしてこれからも、お客様の求めてくださる声がある限り、この仕事をつづけていきたいと思っています。

この本は、私の決意表明です。

そして、より善《よ》い未来へ向かうための、マイルストーンとなることでしょう。

刊行に際して、アドバイスをくださったあなたに。

素敵な写真やデザインを担当されたあなたに。どうしてもこの日に出したいという私の願いを受け入れ、企画を進めてくれたあなたに。

そして、この本を最後まで読んでくださったあなたに。

どんなときも私を支えてくれた、大切な人たちに感謝します。

昨年八月二十二日に天に召された母　田畑英子《ひでこ》と
その生涯の伴侶であった父　田畑泰彦《やすひこ》に
感謝と尊敬をこめて――この本を捧げます

——本書は書き下ろしです——

田畑直江 Naoe Tabata

銀座ラピスメゾン代表。
自律神経系とホルモン系のバランスを整える手技を得意とし、
延べ20万人を超える女性たちの健康サポートを実施。
完全オリジナルの「レディース整体」には、
親子2代で通うクライアントも多い。 合気道2段。

【著者略歴】

1987年	3年間、大手エステティックサロンにてトータルビューティーを学び、 店長・マネジャーを経て退職
1990年	理学療法指導協会にて　オイルマッサージ指導者課程　修了
1991年	株式会社ラピス　設立 ラピスメゾン三ノ輪店　オープン
1992年	東日本療術師協会　整体学　東洋医学療術師　認定
1994年	東洋療術研究会にて　症候判定による経路整体術資格　認定 東洋医学臨床センターにて　中国経絡之薬学課程　修了
1997年	ラピスメゾン白金台店　オープン
1999年	米国ホリスティックカレッジオブニュートリション学士課程　修了 厚生(労働)省認定　日本ウェルネスプロフェッサー　所得 財団法人スポーツクラブ協会　インストラクター資格　取得
2000年	ラピスガーデン銀座店　オープン
2002年	ラピスメゾン三ノ輪本店を銀座7丁目に移転 日本文化振興会　社会文化功労賞　受賞
2005年	米国ホリスティックカレッジオブニュートリション修士課程　修了
2008年	米国ホリスティックカレッジオブニュートリション博士号　取得

Nature de Esthé

Naoe Tabata

すこやかに、うつくしく。

2023年8月22日　初版第1刷発行

著　　者　田畑 直江

発　　行　小学館スクウェア
〒101−0051
東京都千代田区神田神保町2−19　神保町SFⅡ 7F
Tel：03−5226−5781　Fax：03−5226−3510

印刷・製本　三晃印刷株式会社

Printed in Japan　ISBN978-4-7979-8131-5